我的医生生涯和医生梦

胡大一　主编
主任医师、教授、博士生导师
北京大学人民医院心血管研究所所长

中国轻工业出版社

图书在版编目（CIP）数据

我的医生生涯和医生梦 / 胡大一主编. — 北京：
中国轻工业出版社，2022.3
ISBN 978-7-5184-3782-5

Ⅰ. ①我… Ⅱ. ①胡… Ⅲ. ①胡大一一传记 Ⅳ.
① K826.2

中国版本图书馆 CIP 数据核字（2021）第 260298 号

责任编辑：程 莹
策划编辑：翟 燕 付 佳 责任终审：张乃柬 封面设计：伍毓泉
版式设计：悦然生活 责任校对：宋绿叶 责任监印：张京华

出版发行：中国轻工业出版社（北京东长安街 6 号，邮编：100740）
印 刷：北京君升印刷有限公司
经 销：各地新华书店
版 次：2022 年 3 月第 1 版第 1 次印刷
开 本：710×1000 1/16 印张：13
字 数：220 千字
书 号：ISBN 978-7-5184-3782-5 定价：49.80 元
邮购电话：010-65241695
发行电话：010-85119835 传真：85113293
网 址：http://www.chlip.com.cn
Email：club@chlip.com.cn
如发现图书残缺请与我社邮购联系调换
210795S2X101ZBW

编委会

主编： 胡大一

作者（按文章顺序）**：**

胡大一　任文林　吴　彦　戴若竹

高文根　张立晶

顾问：

胡佩兰　王静毅

内容提要

这是一部三代医生的情怀之作。

书中汇聚了北京大学人民医院心血管研究所所长胡大一等八位医生的职业生涯和执业心得，这八位医生横跨三代，见证了中国医疗卫生事业的发展壮大，均对医生这份职业心怀敬畏，倡导医学要回归临床、回归人文、回归基本功，并身体力行之。

他们的从医经历以及所思所想，铺开了一幅医生成长、成熟、担当，循环往复以至宣告归隐的生动画卷，以实际行动打造出“中国好医生”的样板。

主编简介

胡大一

主任医师、教授、博士生导师

北京大学人民医院心血管研究所所长

国际欧亚科学院院士

国家重点学科心血管内科负责人

“健康中国 2030”国家健康科普专家

国家和北京市突出贡献专家（享受国务院政府专家津贴）

担任世界心脏联盟理事长，中国心脏联盟主席，中国控制吸烟协会会长，中华医学会心血管病学分会前任主任委员，中国医师协会心血管内科医师分会前任会长，中国老年学学会心脑血管病专业委员会主任委员，中华预防医学会副会长，北京健康教育协会理事长等。

担任《中华心血管病杂志》总编辑，《美国医学会杂志》（*JAMA*）中文版执行总编，《欧洲心脏病杂志》国际编委会委员，《中国医刊》编委会主任委员，《中国医药导刊》《中国心血管病研究》《心肺血管病论坛》总编辑，《中华医学杂志》《中华内科杂志》《中华全科医师杂志》副总编辑等职务。

获多项国家级、省部级科技进步奖，1998 年获北京市先进科普工作者奖，2000 年获“首都精神文明建设奖”，2001 年获“吴阶平－保罗·杨森医学药学奖”一等奖，2005 年获“联合国国际科学与和平周贡献奖”，2006 年获“中国医师奖”。

由其主编的《胡大一医生浅谈心脏健康》为“十三五”国家重点出版物出版规划项目，获评 2016 年度“中国好书”。

作者简介

任文林

清华大学附属北京市垂杨柳医院心血管内科退休主任医师。曾任中华医学会心血管病学分会委员、中国非公立医疗机构协会心血管疾病专业委员会委员、中国老年学学会心脑血管病专业委员会常务委员、中国抗衰老促进会慢病防控工作委员会副主任委员。

吴　彦

北京大学人民医院心血管内科主任医师，医学博士。擅长心力衰竭临床诊治。曾在国内率先开展肌钙蛋白和利尿钠肽检测。参与编写《中国心力衰竭诊断和治疗指南》。撰写《心力衰竭的现代治疗》《心力衰竭诊治问答》等专著。

戴若竹

主任医师，教授。福建医大附属泉州第一医院心内科主任，硕士研究生导师。美国心肺康复学会（AACVPR）专家会员，国家卫健委全国心血管疾病管理能力评估与提升工程心脏康复项目专家委员会委员，国家卫健委能力建设与继续教育中心冠心病 QOL 综合管理专项能力培训项目专家组成员，海峡两岸医药卫生交流协会心脏康复专业委员会副主任委员，中国康复医学会心血管病专业委员会常委，中国心脏联盟心血管疾病预防与康复专业委员会常委，中国医师协会康复医师分会心肺康复专业委员会委员，中国社工协会康复医学工作委员会心脑血管专业委员会委员，中国医药卫生事业发展基金会专家委员会委员，中国研究型医院学会心脏康复专业委员会委员，福建省康复医学会重症康复专业委员会主任委员，福建省医师协会心血管医师分会副会长，福建省医学会心血管病专业委员会常委兼心脏康复学组组长，福建省康复医学会心血管病专业委员会副主任委员，*Asia-Pacific Journal of Life Sciences* 审稿专家、《中华物理医学与康复杂志》审稿人、《中国康复》编委、《心血管康复医学杂志》常务编委。

高文根

北京航天总医院心脏大血管外科副主任医师，心血管外科博士后。自1997年在沈阳军区总医院心血管外科工作近8年，师从世界著名的心血管外科专家汪曾炜教授、张仁福教授。2004—2011年，师从世界著名的心血管疾病专家胡大一教授，分别在上海市同济医院和北京大学人民医院心血管外科工作，是中国红十字会"胡大一爱心工程"核心成员。2011—2016年，兼任河南科技大学第一附属医院心血管病医院副院长、心脏外科主任，成立"高文根心脏外科团队"，每年做心脏外科手术800~1000例，手术成功率达98%以上，尤其是冠状动脉搭桥手术处于省内领先地位。获2011年度河科大一附院"特殊贡献奖"。2012年，获市"五一劳动奖章"。2017年，加入国药集团国健医联医疗服务项目组任心血管外科副组长，培训心脏外科手术团队及术后监护医生；兼任太原市中心医院心胸血管外科主任、广西桂东人民医院心脏外科首席专家。2018—2021年，受聘江西省人民医院任心脏大血管外科主任。2021年2月，作为专家团队成员受聘北京航天总医院心脏大血管外科，组建1科室，开展心脏大血管外科手术。

专业特长：冠状动脉搭桥手术，婴幼儿复杂先天性心脏病手术，重症瓣膜病外科手术，主动脉夹层外科、介入及杂交手术，微创心脏外科手术（一级、二级、三级）等，有丰富的心血管外科术后监护治疗经验。主刀、带教及参与心脏大血管外科手术8000余例。发表学术论文43篇，主编参编论著6部。

张立晶

中西医结合博士，主任医师，博士生导师，北京中医药大学东直门医院心血管一区主任。师从我国著名心血管专家胡大一教授、陈可冀院士。中西医临床功底扎实，并融合现代医学研究最新进展，多年从事心血管内科介入，各种常见慢性疾病、急危重症的中西医结合诊疗。主持、承担多项国家级、省部级科研项目和研究平台的创建。担任北京中西医结合学会心血管内科专业委员会副主任委员，北京中医药学会慢病管理专业委员会副主任委员，中国中医药研究促进会中医诊疗技术专业委员会副主任委员，朝阳区公立医院特聘专家，北京医学会医疗损害责任技术鉴定专家，中国医学救援协会急救分会常务理事。

顾问简介

胡佩兰（1916—2014）

河南省驻马店市汝南县人，医生。1938 年，以优异的成绩考入河南大学医学部（今郑州大学医学院），1944 年毕业。1986 年，从郑州铁路中心医院的妇产科主任职位上退休，8 年间捐建了 50 多个“希望书屋”。2014 年 2 月 10 日被评选为“感动中国”2013 年度人物。

王静毅

生于 1928 年 10 月，浙江奉化人。1954 年毕业于安徽医科大学，毕业后一直在北京大学人民医院工作。至 20 世纪 70 年代初一直从事大内科工作，此后从事心内科工作，并任心内科主任及大内科副主任，1985 年晋升为教授、主任医师。擅长诊治心内科各种疾病及不明原因发热等内科疑难病。培养博士生及硕士生十余名，发表论文三十余篇，参与编写书籍三本。

前言

对于医疗卫生行业，很多医生有不少委屈，一些群众有不少不满，媒体的口径时左时右。真相究竟是什么？

有出版社请我整理执业心得，发挥正能量，打造“中国好医生样板”。然而，好医生不是死读书和读死书能够成就的，也绝非只有一个样板，不能按照模板进入流水线“生产”，这需要医生个人终其一生在专业和临床不断体会、钻研和进取（不是钻营和出人头地）。不从执业现状出发，人为地定义“好医生”，最终的结果很难不令医生在神化和恶魔化之间不规则切换。

再说，何为正能量？我最深的体会是太多的医生不快乐，没有从业的幸福感。于是我想，光讲大道理不足以成就正能量（我个人的经历毕竟不具备普遍性），单纯抨击负能量不等于正能量，只有正能量本身和转化负能量为正能量才是正能量。我希望至少参加本书编写的医生们通过文章的构思和成行能够开始重新认识自己的工作，放下工作中不必要的思想包袱，更多地看到和感受到其中的美好，从而更好、更轻松和更惬意地生活。例如任文林的文章让我体会到了满满的职业热爱和从业幸福，做医生理应如此。

我阅读了全部文章，认为这本书在一定程度上挑战了医疗卫生行业现有的价值观、人生观和世界观。听起来似乎书中的观点和文字很犀利，态度非常不平和。事实刚好相反，无论大家最初落笔时有多少思想的冲击波，最终都将他们执业过程中难忘的瞬间和由此得到的感悟或产生的困惑娓娓道来。他们当中有人谈到了自己的成长经历，很真实，也很真诚；有人提到了初当医生时犯的临床错误，有人提到了思想与现实的落差和碰撞，很坦诚，也很勇敢……全书内容充实，具有建设性，没有语录，没有口号，是一本可以深度阅读的好书。

可能有人认为本书落后和过时了，因为书中没有提到当代医疗新科技。不少医生投身于新技术、新设备的研发，家庭医疗设备层出不穷，远程医疗上了太空……《超能陆战队》中的大白毋庸置疑将诞生。然而，我们却仍然在谈论望触叩听（望闻问切），提倡回归人文、回归临床、回归基本功。

现代医学的专业划分越来越细，以发病器官、人体系统、治疗手段和诊疗对象等划分，几乎一个脏器就有相对应的科室、中心或医院，还有腔内治疗或微创等集某一具体技术的科室与医院；妇科被划分为妇科、产科和计划生育科，骨科被分为骨关节科、骨肿瘤科等部分；分科过细的优点是不断分化的结果促进了医学技术研发的进步，最大的局限却是限制了医生的视野，导致了见病变、不见病，见病、不见病人的后果。

倒不是我倒行逆施或者顽固不化，由于自己跟不上潮流就牢牢攥住陈旧、落后不撒手，以突显我的存在，甚至阻碍后生晚辈的发展。只是我认为医学科学的进步要以患者的长期预后为衡量标准，而不该是新技术的一哄而起。

首先，我们要思考把什么转化为科技。医疗科技的核心内容是医疗，科技围绕可靠的医疗卫生服务展开（如提供便利）。我们来看大白的医疗服务技能，其医术和关怀（包括设计者为他设计的柔软、温暖的身躯）完美诠释了回归人文、回归临床、回归基本功，至于其他炫酷技能（如人群全覆盖的瞬间扫描）是为轴心服务的。

其次，医疗卫生服务是多元化的，且相辅相成，碎片式的发展很难避免无序进而“撞车”的命运。例如对医疗技术的过度依赖可能导致其过度使用，而患者不能从中最大获益，反而可能受到伤害。

珍珠项链，值钱的是一颗颗珍珠；相比之下，穿起珍珠的细绳普通且廉价；可是少一两颗珍珠，项链还是项链；倘若细绳断了，珍珠也就散开了，还有可能不知道轱辘到什么地方去了。

说回医疗卫生服务，我认为线索就是“三个回归”。人们有了解决不了的健康问题，才找医生；医生运用专业知识和技能，帮助患者解决病痛或改善健康（全面身心健康），从而实现自我的执业能力和职业操守。与“细绳”不尽相同，“三个回归”不但不廉价，反而是医疗实践中较难实现的部分。医生从医学院毕业后还要经历无数次的继续教育；我们说医生是活到老学到老的职业，医术再高明的医生也无法做到面面俱到；因而医生之于专业的成长永无止境。

最后，科技昌明，是大势所趋，也是好事。我已经退休多年，作为即将的（有人认为已经的）过去时，我想我的任务是帮助医疗卫生行业固本培元。根深才能叶茂。

由于初次尝试，书中的内容、思路和想法不够成熟，当然也没做到全方位。本书的立意是引发关于医疗卫生行业中现实问题的讨论，力争不放大、不逃避、不断章取义，远非讨论的结束。如果下次再有类似选题的图书，我希望约稿不像这次这么艰难，例如不少人讳莫如深地拒绝，理由是话题太敏感了。我们的行业中竟然有如此之多的不可说？那么是否能从可以说的说起？医生生涯中的快乐、幸福与阳光，是我希望和正在尝试说的。

胡大一

2017 年 6 月 17 日

《劳动（爱岗敬业）最光荣》，对于本职工作真实的热情和喜爱乃至热爱是之后一切的基础。

《领悟！平凡的大医生》，伟大的医生没有追赶自我的伟大和追逐头顶的光环，而是不吝惜任何一次发光发热的机会，为我们伟大的事业添砖加瓦。

世界卫生组织很早就警示：“错误的医学目的必然会导致医学知识和技术的不恰当使用”；并且强调：“当今的医学问题出在目的上，而不是手段和方法。”

时时考虑患者利益，一切为了人民健康，是当医生的价值，是医学的目的。

我非常惊喜地发现任文林的文章刚好体现了我针对医生个人成长的概括性总结，在我眼前铺开了一幅医生成长、成熟、担当，循环往复以至宣告归隐的生动画卷。我印象最深的是“真临床”的提法，并且非常赞同。我最喜欢的一段文字是：“相比那些早晨三四点钟起床，凌晨一点还不睡觉，走路、排队买饭甚至上厕所都要看书或背单词的勤奋学子，……那时正值文艺复苏和伤痕文学兴起的年代，……记得有一个周末，我去电影院看了一场《庐山恋》，不务正业的罪恶感在随后的一个星期都挥之不去。”多么真实、形象、生活化和温馨！

吴彦则以心力衰竭防治的医学科学进步为例，诠释了走进“循证医学”意味着我们关注的是药物或器具（起搏器、除颤器等）治疗能不能和不治疗或者传统治疗相比让患者活得更长、活得更好，不但延长寿命，而且提高生活质量，改善预后。只有实现这个目标的药物和器具才可以被推广。

医生的职业价值和研发生物技术的价值一定要体现在患者和社会获益的基础上。这就是价值医学。

我们管中窥豹地讨论了医生成材和医学发展。世界卫生组织强调把医学发展的优先战略从以治愈疾病为目的的高技术追求转向预防疾病的损伤、维护和促进健康。只有以预防疾病（不仅是零级和一级预防，还有二级预防）与促进健康为首要目的的医学才是供得起、可持续发展的医学，才是公平和公正的医学。这正是戴若竹文章的切入点。其中提到的医生的医疗决策有时候决定了患者的健康演进方向，才是我所谓的“上医治未病”。

紧接着，高文根就明确指出了医生要具备临床意识，医生应该关心为患者的健康获益带来了什么，而非自己做了什么，更重要的是，不要在患者身上做患者不需要的事情。

支架再好、医生专业再精通、技术再熟练，不足以使一个迫切需要紧急救治的患者及时接受治疗。关键是实现硬技术的软着陆！张立晶的文章令我曾经的一些言论更加务实和富有生命力。

回归临床，回归人文，回归基本功。从疾病走向健康，从单纯的生物医学模式走向社会 – 生物 – 心理综合医学模式，我们要追求全面身心健康，从单纯迷信生物技术、聚焦一个病变，延伸到综合了解疾病的全貌，并且进一步关注、关爱患病的人。我们强调“以人为本”。“健康”也不仅仅是没有疾病，而是身心的全面健康和良好的社会适应能力。

医学从未停止过发展的脚步，不断有疾病被攻克；即便不能治愈，但在很多情况下，症状可以得到改善，健康可以得到促进；时光不能倒流，但可以延缓疾病的发生和发展，减缓和减少衰老对人类健康的影响；死亡最终无法避免，我们的真诚关怀也可如同冬日里的一丝阳光温暖人心。医生职业要求我们一生都在探索（“医生在终生的医疗实践当中都应怀有如临深渊、如履薄冰的态度”），要做成功、合格的医生是一个挖山不止、锲而不舍的过程（学无止境）。

出版社的编辑反映，书中的文章字数悬殊太大。我认为无论做医生还是做人，最起码的是对自己坦诚，只要是真情实感，再多不嫌多，再少不嫌少。我们说，诊病治病，要综合疾病的共性和患者的个体差异。写文章或者做其他事情也一样，不能一刀切。

编辑问我，有些作者的文章中包含了对前辈恩师的感谢，是否与主线无关？我回答，我们怀有感恩之心，既然叫《我的医生生涯和医生梦》，这一路走来，我们一定要向帮助过我们的人大声地说出感谢。

胡大一

2017 年 11 月 7 日

目 录

劳动（爱岗敬业）最光荣

——怀念我的母亲胡佩兰

胡大一（2015/07/23）

感谢马彦茹主任向我约稿，关于我母亲的文章已经有很多，这一次我该从哪儿下笔呢？志愿，义务，高风亮节，抑或是大医精诚？这些角度都符合“弘扬医疗卫生行业正能量”的定位，但是又都太遥（高）远了。

举我的两个研究生的例子吧。

> 例 1：十多年前我面试一位男生，问他为什么要学 PCI（经皮冠状动脉介入治疗），得到的回答是：挣钱。后来这位男生非常感慨于出席形形色色的医疗会议时经历的豪华场面，再后来对于那些豪华场面习以为常了。

> 例 2：六七年前一位女生为了北京市户口，不再继续临床工作，转而报考博士。在她备考期间最大的感慨是：我什么时候能够出人头地呀？

类似的例子很多，我在此处提出并不是指责他们错了，只是简单地说明绝大多数人不是活在“真空”里，不同的人有不同的诉求，也受到与其成长环境相关联的经历、阅历的制约。记得有一次我的一个学生跟我说：他同样在心脏科的同学，见患者就处方点滴，因为导师这么做。

马主任说我母亲的精神感动了很多人，是行业楷模。是呀，楷模！如何使“楷模”可复制？“感动”过后又留下了什么？我认为这是需要认真思考的两个问题。

一、医生之于医生职业

不光是医生，各行各业都是一样，你是如何看待和对待自己的工作的？

去年有人约我写《医疗的误区》，我想最基本的误区在于医生对于自身的定位失准。

1.“治病救人 / 救死扶伤”

这些是医生的工作内容，“光环”归属于职业，并不归属于每一位从业人员，起码不归属于没尽到本分的从业人员。由此引出第二点。

2.“为患者提供必要和充分的医疗卫生服务”

这是医生工作的核心内容。发表文章，组织或参加学术交流（会议），每年的手术量，追求技术和器材的高精尖……所有这些都是为了不断提高业务水平，为“核心内容”服务的，即更多和更到位地解决患者的健康问题。我们中有多少人本末倒置，把所谓的“个人成就”凌驾于“本分”之上了？倘若“专家”尚且如此，我们怎么让基层 / 年轻的医务工作者信服“医德”和“医风”？基层 / 年轻的医务工作者又面临怎样的成长环境？

3.“工作完成质量”和“报酬（名与利）”

其实，“希望挣钱”是人类再正常不过的需求，“满足温饱”处于马斯洛需求层次的最底层，“希望出人头地”应该类似于马斯洛需求层次的“自我实现”。当它们成为错误的时候，是我们把“付出”和“得到”的逻辑顺序弄颠倒了，或者我们由于太计较“得到”而吝啬“付出”，再或者我们太执着于“得到”而违背规律、规则和规范地“付出”，甚至不择手段。

- 当你的专业不足导致漏诊、误诊、不明诊断、治疗不当、过度治疗或治疗延迟时，你会怎么想，怎么做？认为理所当然，还是追踪患者的病情变化，为自己不足的专业充电？毕竟，没有天生的“神医”，“神医”也靠后天不断的累积和提高。
- “当患者讲的不符合你想的，你就不愿意听，就以你的思路诱导患者。”当这种情况发生时，医生是否出于种种原因（其中也包括“一招鲜吃遍天”和更多的毛收入）衷心地盼望只接诊自己希望遇到的那些病症呢?
- 当医生向患者提出不合理的医疗建议和进行不合理的检查与治疗时，内心是否全无私心?

我们应当努力做到以下几点:（1）对专业精益求精;（2）以患者（病情）为本，合理施救;（3）竭尽所能处理现阶段的临床问题，不断总结经验和教训，继而根据临床指针进一步精进专业;（4）临床操作关乎患者身心，我们应该“如临深渊，如履薄冰”，绝不可掉以轻心。这几点，我母亲都做到了。

二、热爱你的工作

“认真工作”是故事的第一个章节，接下来是“热爱你的工作”。

我母亲对于工作的狂热远胜于我，据我所知，她没有工作之外的其他爱好。

我认为，以前的文章针对这一点已经描述得足够了。我希望大家，尤其是年轻人，热爱工作，然而一味描写“工作狂”似的节奏，会让大家误以为这是热爱工作的唯一尺度，既然遥不可及，那就索性放弃。

正确理解医生职业和认真工作是热爱工作的前提，就好像两个人从相识、相恋到成家。

- 高三的学生为什么要报考医学院？基于社会对医生职业的定位投射在头脑中产生的兴趣，这种兴趣只有理论依据，没有感性认识。
- 读了医学院，做了医生，对医疗卫生工作有了直接和频繁的接触，了解也不断加深。此时，你是否喜欢对方，喜欢到什么程度是应该了然于胸的。
- 你是否因为居家度日的一语不合或者过于琐碎而厌弃了家庭呢？工作中的烦琐和不顺心同样是工作的一部分。关键是你要清醒：（1）你是否爱你的工作？（2）你因为什么爱它？倘若只是因为“名利双收”，那么切记：一定要保证工作质量！否则，结果很难圆满。
- 如果不爱你的工作，你确实很难做到认真，成天都做自己不喜欢的事情是煎熬。此时的你有选择离开的权利。
- 可是，我遇到的情况大多是思路不清，从未认真思考，只是一味地攀比（气人有，笑人无）、抱怨和要求（索取），因为这样省心，省脑，也省力。倘若你属于这种情况，你不仅不会对工作认真负责，事实是，你压根儿对自己就不负责！

三、不同人心中不同的“自我实现”

我母亲如此执着于工作，是因为她热爱工作，工作是她的生命力。

这是价值观、人生观和世界观的问题。正如鲁迅先生所写：你是为了活着而吃米，还是为了吃米而活着？如何看待和对待工作，归根到底是如何看待和对待自己。我今天没有像往常一样强调对患者的关心，那是更高的要求；我今天只谈“对得起”自己。

无论如何，“青青的叶儿红红的花，小蝴蝶贪玩耍，不爱劳动不学习，我们大家不学它。要学喜鹊造新房，要学蜜蜂采蜜糖，劳动的快乐说不尽，劳动的创造最光荣！”

四、主观的道德和客观的行业规范

话说回来，如果道德可以解决全部问题，就不需要法律的约束了。我国是法治国家，仍然不乏不违法但有悖道德良俗的案例。

我认为儒家与道家的最大区别在于：儒家是我国从古至今最具影响力的学派，认为“人可以被教化”，而且也将教育付诸实践（孔子广收门徒）；道家发展成为我国的本土宗教——道教，更着重要求自身修为，如“路不拾遗，夜不闭户”。

所以，基于临床实践和试验，探索临床路径、操作指南和工作章程比“喊口号”更实在。例如关于医患交流，我们编写的《医患交流面面观》运用病例生动地阐明“为什么一些做法不可取”，并结合国外的书籍编写了医患交流的整个过程供大家参考。我希望大家阅读后应用于临床、反馈意见和提出修改建议，《中国医学人文》杂志正好提供了交流平台，争取制定出“医患交流”的规范化流程。

我们歌颂“高尚的品德”，如何将“高尚的品德”量化，帮助更多的人有迹可循，需要我们今后更多关注。

五、尾声

我今天没有做事迹宣讲，而是从一个新的角度——“热爱”来怀念我母亲的一生，其中包含了她对工作的热爱、我对她的热爱和我们对于祖国与人民的热爱。一个人可以一生不变、至死不渝地坚持做一类事情，善待患者也好，帮扶穷苦也罢，一定是由心而发，源自内心的善良和热爱。

领悟！平凡的大医生
—— 记北京大学人民医院心内科老主任王静毅

（2017/02/13）

前些天看《猪猪侠》，其中一集的题目是“领悟！平凡的英雄”，引起了我的共鸣。我认识不少医生，其中不乏现如今很有名气的，然而王静毅主任却是留给我印象最深的一位。为什么？因为她真实。

一、扎实的基本功和全面的医疗视野

第一次见王主任是十几年前了，那时胡大一老师刚开始推广双心医学，邀请了数位老专家座谈，就双心医学学科的立意和创建请教前辈们的意见。

我们来分享王主任点评的两个“双心”病例。

病例 1：

一位年近七十的画家，在故乡采风时突发急性心肌梗死，发病后接受了溶栓及介入治疗，开通导致梗死的冠状动脉血管。这位患者性情孤傲，从来都是他指挥别人，住院后根本不听医护人员的指导，稍有一点不顺心就发脾气。介入治疗后不久，患者本嚷嚷着要出院回家，却突然发生了室性心动过速，并出现呼吸心跳骤停。经过积极抢救，电除颤和呼吸机辅助通气后，血压、心率、意识逐渐恢复并趋于正常。

在呼吸机治疗期间，患者经常在夜间发作室性心动过速，并有一过性意识丧失，需要电除颤才能恢复。此后，患者惧怕夜间睡眠，担心在睡眠中不知不觉就上了天堂，特别紧张。更糟糕的是，患者越紧张就越容易发生严重的心律失常，形成了恶性循环。

王主任点评：

患者是急性心肌梗死后经溶栓及介入治疗后突发室性心动过速。显然，患者经以上治疗后并未发生明显心绞痛或ST段改变，而是病后脾气很大，自主神经不平衡，白天易发脾气，晚上迷走神经张力高，这些均可诱发室性心动过速。频发室性心动过速造成患者的恐惧心理，怕晚上在睡眠中死去。

但患者是在急性心肌梗死后发生室性心动过速，首先应该仔细检查有无明显的心肌缺血及再梗死（观察ST段改变及心肌损伤标识物、进行超声心动图等检查）。

若结果均为阴性，也应该先植入ICD（体内埋藏式自动除颤仪），尽快控制室性心动过速（也可用药物，如胺碘酮等）。然后请精神科医师会诊，共同治疗，消除其紧张恐惧心理。这是个典型的“双心”病例。

病例2：

夜班，在凌晨睡得正香时我被一阵刺耳的电话铃声唤醒，要转过来一名急性心肌梗死的患者：55岁，男性，企业中层领导。他曾经在6年前因为急性心肌梗死接受过冠状动脉血管内支架置入治疗，3年前心绞痛再次发作，冠状动脉造影证实在同一根血管的不同位置发生了狭窄，再次通过介入治疗改善症状。这一次出院，他接受了前次的教训，戒了烟酒，矫正了自己的不良生活习惯，根据医嘱坚持服药。又过了3年，他在一次同学聚会上突然感觉到剧烈胸痛，并向咽部和后背部放射，历史重演。到了医院急诊，经过一系列化验检查，医生郑重地向他宣布："你的情况是急性心肌梗死，需要急诊的介入治疗开通梗死的血管。"造影显示是在前两个支架间闭塞了。治疗进行得很顺利，于是他的同一根血管在6年间分3次放入了3个支架。

他心里很不是滋味：为什么我这么倒霉？是不是医生水平不高，前两次根本没有给我看好，留了病根儿？还是我的基因糟糕？要真是这样，吃药还有什么用？这次放了支架没事了，谁保证不会再犯哪？下次要还是这根血管，还能放支架吗？要是放不了，那我不就完了吗？他整天思考着这些问题，愁眉苦脸，茶不思饭不想，还时不时出现胸闷的症状。医生也被搞糊涂了：犯病时的心电图和其他检查都没有发现问题。再做造影，结果显示血管情况很令人满意。本来10天就可以出院，他却住了近一个月。我们与患者和家属交流，发现了问题的症结，请来了精神科医生会诊并进行心理咨询，又请了心内科的专家指导。患者渐渐减少了恐惧并重燃了对生活的希望。

王主任点评：

患者在第二、第三次心肌梗死后思想负担很重，这是可以理解的。心内科医生应该主动考虑及寻找其多次发病的原因：在降脂、降压、抗栓以及改进生活方式等方面是否存在问题；应该强调降脂、降压的重要性，尤其需要强化降脂；同时也应该请精神科医生会诊，予以心理疏导及治疗，两科医生共同治疗才能减轻患者的恐惧心理，使患者重燃对生活的希望。

我国在精神心理治疗方面是相当不足的。实际上几乎每个患者在患病后均有不同程度的思想负担，尤其急重病或慢性病，如心肌梗死、糖尿病等。医务工作者如何对待患者是很重要的。

胡老师讲：

双心医学和医疗是以规范化诊疗作为框架，将关注精神心理卫生作为心脏整体防治体系的组成部分。我们立足于心血管疾病的学科体系，对心血管疾病及其疗效和预后受到了精神心理因素干扰和表现为类似心脏症状的单纯精神心理问题，进行必要、恰当的识别和干预。

以上两个病例点评，清晰应和与具体诠释了胡老师的观点。这种不谋而合绝非巧合，恰恰是前辈们共性的体现，即扎实的基本功和全面的医疗视野。

二、褪去浮夸，回归本真

这十几年来，我没见过王静毅主任几次，每一次见面却都印象深刻。

第一次，我请王主任帮忙写病例点评，就是上面的两个病例，王主任欣然接受。《点评》如期交稿，没有“中间提醒”和“反复催讨”。如此顺畅，在我多年的收稿（“催稿”更确切）经历中非常罕见。

后来有了一次闲聊的机会，我请教王主任如何看待医药代表拜访医生的现象。王主任说她从来不见医药代表，因为没必要。现在回想我当时的理解：（1）跟进、更新医学和医疗的前沿成果与医药代表不发生任何必然关联（比如通信技术这么昌明，获取文献资料的渠道很多）；（2）临床中的实际操作和应用与医药代表是否拜访扯不上关系（比如根据疾病和患者的特点，应该使用哪种药物就使用哪种药物）。王主任会参加感兴趣的学术会议，比如她和老伴年年都去长城会，乘坐公共交通工具去会场。

还有一次见面，故事情节有点儿曲折。胡大一老师汇聚了大内科的各个科室，希望出版一本《循证临床内科学》。出版社以该书的立意申请了某项基金十万元，倘若基金申请下来，全部由出版社使用，但需要胡老师寻找三位专家作为该书的推荐人。支持胡老师工作的老专家，我首先想到的是许玉韵许老和邵耕邵老，两位老人也痛快地答应在研读出版资料后给出意见。第三位推荐人，我索性请许老帮忙介绍和引荐。许老推荐了一位很有名的专家，并当下回复我：已与对方电话沟通，并约好第二天上午几点到某地陈述详情。

第二天，我准时到了指定地点，通报后没有被立刻准入。在若干时间的等待之后，我得以见到那位“德高望重”者。他说昨天许老给他打电话，问我具体什么事情。我复述了来意后，把出版社准备的出版资料递了过去。然而“专家”不要这些资料，而是反复强调胡大一老师应该自己去找他。我清楚他要求的办事逻辑不可能实现，于是就离开了。

路过人民医院时，我突然想起当天上午是王静毅主任出门诊，看看表 11 点多了，决定碰碰运气，于是直接冲到了王主任出诊的诊室。王主任果然还在，我说明来意，王主任就把资料留下了，然后，一如既往地准时回复了意见。

出版社也因此成功地申请了基金。我们感谢三位老人的无私帮助，更敬重他们的“不计较”和“不算计”，尤其是王静毅主任，毕竟我们之间的“纽带”不那么紧密。

在那之后，我和王主任没再见过面，直到这次约稿，我也没有见到她。王主任年纪大了，多一个人打扰就多占用她的一份精力。可是，王主任的意见却出人意料，她说，还是你们写吧，一方面是我不擅长写作，另一方面，既然是与年轻人分享我的从医经验，不如就由年轻人写出对我的印象，效果会不会更直接？

大家后来商量，不然就算了，否则谁的理解力可以揣度一位如此资深的老专家的想法和心得呢？我说，我写吧，不去猜，写自己的理解，这不正是分享与传承吗？于是，就有了这篇平淡无奇的记忆流水账。

我并非没话找话，黔驴技穷地把仅有的几次见面场面生拼硬凑。这些记忆是我心心念念一直想落笔的，因为在当下喧嚣的医疗卫生领域，王静毅主任让我感受到了一股清流，那么的安静与平缓，好似在被高歌猛进搅扰得心烦意乱之时突然闻得的娓娓道来。我相信还有很多像王主任这样安于平凡的在本职工作岗位发光发热的医生。然而，他们太安静了，以至人们忽视了他们的存在。

占用了太多时间“说”的人，哪里还有多余的时间“做”？人的精力可以无限，然而时间有限，不是吗？身教胜言传，向身边平凡的好医生们学习和致敬。

理解医学
做合格医生
构筑心长城

整理自胡大一大夫讲课视频（2012/03/13）

医学目的： 预防疾病，维护、促进人类健康 / 防治兼顾 / 不断地探索未知

医学价值： 患者利益至上 / 为人民服务 / 硬技术的软着陆

社会责任： 医疗的公平可及

一个国家的医疗实践和改革是否成功，关键是看该国的弱势群体，如贫困人群，是否可以享有基本医疗保障。

我强调的是“**基本医疗保障**”。

时时考虑患者利益
一切为了人民健康

大家好，我是北京大学人民医院心内科的医生，胡大一。今天，我想结合自己40多年的从医经历与学习体会和大家一起讨论“怎么理解医学？学做合格的医生”。

我们知道，医生的职业是面对公众健康和患有疾病的广大患者。我认为，医学的目的在很长一段时间里出现了迷失，价值体系也出现了混乱。近年来，社会上有这么一种认识：“学医，当医生，就是等人得病，然后给人治病。”于是，就出现了医院的坐堂行医，医生是坐堂医生；广大公众只要今天没有胸痛和不舒服就认为自己健康，哪天突然出现胸痛，得了心肌梗死，才到医院治病，做支架、做搭桥手术。

医患的双边等待使得健康和预防非常无奈。

更严重的是，由于近年来医疗体制上的趋利性诱导，做的支架越多，医院、科室与个人奖金越多，引发了一些过度医疗的严重问题。医院在攀比毛收入，科室在攀比手术量和支架数。这样一些错误思路的引导进一步造成了医学目的的迷失。

世界卫生组织很早就警示：“错误的医学目的必然会导致医学知识和技术的不恰当使用”；并且强调：“当今的医学问题出在目的上，而不是手段和方法。”

一、明确医学的目的

办医学院、培养医学生和医生，治病当然是非常重要的，但更重要的是维护和促进人类健康，也要规范地治疗得病的患者。

时时考虑患者利益，一切为了人民健康，是当医生的价值，是医学的目的。

医生面对的是患病的人，不是在修理机器；医学不是理工科，而是充满人文内涵、以人为本的科学。我认为医生的人文素养主要体现为两点。

第一点是同情心。我们每天都在接触受疾病折磨的痛苦的患者，假如医生没有强烈的同情心，就不可能认真关爱和救治每个患者。

第二点是责任感。医生有责任维护和促进人类的健康。为什么讲责任感？我国的文化比西方更清晰地阐述了其中的道理。古人讲：不为良相，便为良医。我们有很多很多的职业，有从事管理的，有从事农业的，有做工程的……只有医生这个职业，在中国把它认为是和良相并列的职业，恰恰是因为它的社会责任感。

世界卫生组织强调把医学发展的优先战略从以治愈疾病为目的的高技术追求转向预防疾病的损伤、维护和促进健康。只有以预防疾病与促进健康为首要目的的医学才是供得起、可持续发展的医学，才是公平和公正的医学。

我学医的那个年代没有现在这种趋利性影响，那时整个社会（包括医疗卫生行业）的价值观比较单一，即为人民服务，更多的是在学习雷锋、白求恩，学习《为了六十一个阶级弟兄》，学习焦裕禄等这样的价值体系下成长起来的医生。在医学院学习时，一直到毕业以后，我们大家经常讲要“急患者所急，痛患者所痛”，并且强调在为患者服务的过程中学习为患者治病的本领，只有在患者的床前度过足够多的不眠之夜，才能成长为一个成熟的临床医生。

我再次强调医学的目的和医生的价值观：时时考虑患者利益，一切为了人民健康。这个精神也体现在新千年医师专业精神宣言当中。这个宣言是

2002 年发布的，一共有 36 个国家和 120 个国际组织（包括中国医师协会）共同签署协议，强调要重铸医师精神，特别强调医师专业精神的核心是建立以患者为中心，关爱、尊重患者，把患者利益置于个人利益之上的价值体系和重铸医学人文精神。

要理解医学，逐渐把自己培养成合格的医生，应该树立大健康、大卫生、大医学的概念。

实际上，这是我们国家医学的传统。比如，《黄帝内经》就明确讲："上医治未病"，强调预防，强调健康促进。我们不能就知道"等"，等人得病；更重要的是做能做的，预防疾病，促进和维护人类健康。我们看过去的二三十年，就拿心血管专业为例，大家把主要的人力、物力、精力和财力都用在了攀比支架数目和搭桥数目。

美国心脏协会做了一个非常生动的比喻：心血管内、外科医生都聚集在一条经常泛滥成灾的河流的下游，拿了国家很多基金去研究打捞落水者的先进器具，同时不分昼夜苦练打捞本领。结果却事与愿违，坠入河中的人一半死了，被打捞上岸的人也是奄奄一息，更糟糕的是坠入河中等待救援的人还越捞越多。

不知大家有没有想过一个非常浅显、明确的道理：为什么不到上游去植树造林、筑堤修坝，像大禹治水，运用疏导的方法去预防河流的泛滥？应该把研究和工作放在上游预防上，而不是把所有的精力放在做支架、搭桥、治疗心力衰竭上……不能只有"落水者"才能唤起医生的关注。

医生一定要走出狭隘的"等人得病"的概念，走向"大健康"的概念，强调参与"治疗、预防和康复"，打破"坐堂医生"的陈旧观念和传统。

二、被迷信的生物技术

理解医学的另一个层面的含义就是我们要知道“人为什么会得病”“我们怎么来预防和控制疾病”。

我认为有另一个流行观念需要被打破，大家受近年来西医发展的影响，过度关注甚至迷信生物技术，忽略了疾病发生、发展的社会因素和心理因素。实际上，疾病的发生、发展不仅仅是因为细菌病毒，而且有很多社会和心理的因素。因此，我们对疾病的控制不能只用单一的生物技术，单一的生物技术难以甚至不可能挽救人们的健康。

威胁人类的疾病有两大类：第一类是传染性疾病，第二类是我们最近非常关注的非传染性疾病。

1. 传染性疾病同样面临生物技术、社会因素和心理因素的综合影响

传染性疾病的规律是什么？我概括为三点：病因单一（一种病因）；因果关系明确；有明确传播途径。譬如，非典型性肺炎或 SARS（严重急性呼吸综合征）是一种由明确的冠状病毒作为单一病因导致的肺部非典型性炎症改变。所以，病因单一，因果关系明确，传播途径是呼吸道。开始时，有些医院的医生、护士不戴口罩，很快就被感染了。再譬如，结核病的病因是结核杆菌，表现是肺部或者其他部位的结核，传播途径是呼吸道。还有，大家知道的血吸虫病，它可以通过一个宿主（如钉螺）传播给人，引起血吸虫病，也是因果关系明确，病因单一，有明确传播途径。

1）人类在征服传染病过程中看到的现象

针对这样的疾病，在二战期间发现了青霉素，极大地振奋了医务界。青霉素的出现，挽救了大批在战场上感染肺炎的士兵，起死回生。后来，抗生素和各种生物制药得到蓬勃发展。这肯定是医学科学技术的进步。我们并不

否定生物医学的进步，但是我觉得如果大家过度相信依靠，甚至迷信崇拜生物技术，有可能走向片面，甚至走向极端，造成生物技术的过度使用。

一个现象是生物技术的发展日新月异，进展很快，而且众多的厂家在研发技术。出了一个“他汀”，都生产“他汀”；出了一个“普利”，都生产“普利”。再看支架这些器具，从裸支架到药物支架，到可降解支架。这些技术确实有巨大的经济推力，所有的企业来推动这些技术的引进、改进和推广使用，就可能会引发大家过度迷恋、迷信生物技术。这是人类在征服传染病过程中看到的现象。

由于传染病的三个特点，人类防控传染病主要是针对疾病规律来做的。防控传染病，主要有三个途径：a）隔离。隔断传播途径，这正是当年成功控制 SARS 流行的关键有效措施。b）抗生素或抗病毒药物。这些针对病因的药物研发越来越快、越来越多。c）疫苗。天花和小儿麻痹症就是通过疫苗被攻克的。

2）传染病也与社会因素息息相关

然而，我们很多医生是不是忽略了即使是传染病也和社会因素有关，并且它们的控制得益于一些社会因素?

关于防控传染病的一种解释，以结核病的征服为例，德国人发现了结核杆菌，之后的研发找到了链霉素、异烟肼等抑制这种细菌。从生物技术的角度解释就是：发现了细菌，找到了抗菌药物，控制结核病。另一个角度，我们来看卡介苗等一些疫苗的接种也可以推动结核病的预防。

可是，我想大家可能忽略了当时德国社会经济的发展、社会的进步推动了社会进一步的公平，使得贫困的工人开始能够不再群居，有隔离开的自己居住的房屋，这是通过呼吸道传染的结核病得以很好控制的背景。

医生要从社会角度树立大卫生概念，我们眼前的生物技术只有在更宏观的特定社会环境里才有可能发挥作用。

例如SARS得以控制主要得益于什么？我们知道，传染性疾病有传播途径，不光是搞抗生素、搞疫苗，果断隔离非常重要。只要隔断了传播途径，疾病就能得到控制。王岐山市长到北京以后果断采取措施，把疫情隔离起来，北京很快化险为夷，SARS就没有了。如果大家真正公平、公正地看待SARS这个事件，绝不仅仅是当时盛传并且得了奖励的某一种中药或者研发的某种疫苗起了作用，我认为北京乃至全国SARS得以控制的最重要原因就是社会因素，来源于隔离，而这恰恰体现了我国政治制度的优越性。

这就是社会因素。即使对传染性疾病，大家也要很好地理解：生物技术是重要的，但不是唯一的、绝对的。

3）传染病影响心理健康

另一方面，让我们再想想，SARS的突发，给人们（无论得了还是没得SARS的人）带来的不只是躯体疾病。在这种突发的疾病没有得到及时控制的时候，在社会上引起了很多人精神上的恐慌。某医院的一名进修医生最终并不是死于SARS导致的肺部病变，而是跳楼身亡的，原因是当时的突发疾病、突然隔离造成的孤独和对于疾病的恐慌。

所以，即便是传染性疾病，也不是单纯受生物因素影响。其发生、发展受社会因素（背景）的影响，也会对人们产生心理影响（形成心理因素）。综合因素导致疾病的发生、发展和转归。因此，防控疾病也需要综合从三个方面考虑，而不是单纯地崇拜、迷信生物技术。单纯迷信生物技术非常容易衍生技术的过度使用，即所谓的过度医疗，尤其是在伴随着经济利益的时候。

2. 非传染性疾病

现在，人类面对着第二次卫生革命对象——非传染性疾病。我们来看非传染性疾病的规律（是怎么发生、发展的）。

非传染性疾病的源头是不健康的社会环境和与不健康社会环境互动的个体的不健康生活方式和行为。从源头（不健康的社会环境、生活方式和行为）又延伸出与（慢性）非传染性疾病（如心血管疾病、卒中、肿瘤、糖尿病和慢性呼吸系统疾病）相关的多重危险因素。

非传染性疾病很重要的两个环节：1）源头是不健康的社会环境和不健康的生活方式；2）中间是最终能够导致疾病发生危险性增高的多重危险因素。

由此可以看出，非传染性疾病不像传染性疾病只有一种病因，非传染性疾病与危险因素之间只存在相关性，因果关系并不明确。

我来逐一解释这几个环节。

1）不健康的社会环境

首先，大家要考虑孕育心血管病、癌症、糖尿病等的不健康社会环境。

a）例如，随着经济和社会的发展，社会取得了很多成就，同时也带来了环境的污染。大家现在非常关注 PM2.5，PM2.5 不但增加患癌症的风险，也明显增加患心肌梗死等心血管疾病的风险。这不是某一个人能够解决的个人问题，而是社会发展带来的负面效应，所以治理 PM2.5 也是为了从社会层面来预防疾病。

b）又比如我国刚刚改革开放的时候，外国医学代表团访问中国，访问北京。当时北京长安街上只有两家大饭店，一家是北京饭店，另一家是燕京饭店。无论是儿科、内科、心脏科还是呼吸科的外宾都住在这两栋大楼上，天亮起床，打开窗帘，都会发出共同的惊叹：北京居民太健康了。并且他们会马上问我："北京的心肌梗死一定很少？" 我说："没错。" 那个年代，我在北大医院工作，一年被诊断为心肌梗死的患者不到50个，大部分都是60岁以上的老人，几乎看不见32岁、28岁的患者。

究竟这些外国医生看到了什么，让他们如此感叹？就是长安街上极为壮观的自行车流。汽车寥寥无几，私车更是看不见。这种情况下，肯定大家的运动量够。而且那个时候刚刚开放，也没有那么多不健康的食品。

今天，外宾再来北京，看到的是到处高楼林立，再打开窗帘，数不清的汽车堵塞在大街小巷。人们从孩童时代开始已经不再步行和骑自行车，以车代步。"进门找电梯，出门就打的。" 这既是社会现象，也成为人们的生活方式与行为。

c）再譬如吸烟。在我国，不光是3.5亿吸烟的人，更重要的是我们的公共场所没有一种真正落地的禁烟法规和处罚机制。在公共场所吸烟给很多不吸烟的公众带去了二手烟的危害。这显然是社会环境，不是个人能够改变的。你个人不吸烟，而当你到餐馆吃饭，走进茶馆或咖啡厅，那里没有禁烟的措施，即使张贴了禁烟的标识也没用。

2）不健康的社会环境导致个人不健康的生活方式

比如：a）吸烟。b）不运动或者缺少运动。刚才我也提到了："进门找电梯，出门就打的。" 两层楼都不爬，两三站路也不走。当代信息技术的昌明方便了大家足不出户在网上购物，看电影不需要上电影院等等。c）不健康饮食，包括摄入总热量过大和饮食结构不合理，如盐、糖、酒、油、动物性食物摄入过多，蔬菜、水果和膳食纤维摄取不足。d）吃得多、动得少，必然肥胖。青少年肥胖是危及一生健康的祸根，不但增加未来患血脂异常、高血压、心血管疾病的风险，也促使心理不健康和增加成年以后患癌症的风险。

3）不健康的社会环境和生活方式会导致一些心理问题

大家经常讲“全民焦虑症”。我们当前的社会环境中存在着一些负面情绪，比如浮躁、急功近利、好大喜功；青少年读书期间的应试压力（考高分、上好学校），毕业以后的就业压力，就业之后晋升职称的压力。人始终在一种“千军万马过独木桥”的封闭模式下成长，往往形成焦虑、惊恐、抑郁等不良情绪，这些不良情绪进而又增加患心血管病和癌症的风险。

我想通过人类面对的两大类疾病（传染性疾病和非传染性疾病）来帮助大家理解：

疾病的发生、发展和防控显然不单纯依赖于生物技术，一定要分析社会、心理和生物三方面的因素，综合考量才能更好地理解医学。

我为什么一直在推动双心医学和医疗？就是呼吁和培训心血管医生要高度注意因为胸闷、气短、胸痛来心脏科就诊治病的患者，当利用心血管学科的专业知识不能找到原因或者不能充分解释时，一定要考虑他们的精神心理问题（有没有焦虑、惊恐？是否有抑郁引起的躯体症状？）。人们的生理和心理机制是互动的。

如果医生不能以更宽的视野来了解和理解疾病，那么我会不客气地说：一方面我们在用现代化、高成本的生物技术治疗患者的躯体疾病；另一方面又在不经意间制造了大量的精神心理创伤，即所谓医源性疾病。

我们必须走出传统落后的单纯生物医学模式，理解20世纪70年代世界卫生组织提出来，而且在中国广州会上也已经提出的“社会－生物－心理”的全新的医学模式，追求完美的全面的身心健康。

从疾病走向健康，从单纯的生物医学模式走向社会－生物－心理综合医学模式。

我们要追求全面身心健康，从单纯迷信生物技术、聚焦一个病变，延伸到综合了解疾病的全貌，并且进一步关注、关爱患病的人。

我们强调“以人为本”。“健康”也不仅仅是没有疾病，而是身心的全面健康和良好的社会适应能力。

三、走向循证医学和价值医学

理解医学的第三个方面是“走出传统经验医学模式，走向循证医学（Evidence-based medicine）和价值医学（Value-based medicine）”。

我认为传统医学是根据经验，用一种药物治疗一些表象，忽视了疾病的本质和患者的预后（outcome）。

如何正确看待室性早搏（室性期前收缩）？我同大家分享自己的经历与医学从经验医学走向循证和价值医学的全过程。

我上医学院和刚毕业的一段时间，大家只要做心电图，发现了室性早搏（室性期前收缩），无论书本、老师还是上级医生查房，都要求及时治疗，都得用药，认为如不及时治疗，室性早搏可能恶化成更严重的室性心律失常，甚至心脏性猝死。当时治疗室性早搏的药物非常少，并且毒副作用特别大。比如，我刚毕业时用的是奎尼丁、普鲁卡因胺和丙吡胺。当时还没有美西律（慢心律），也没有利多卡因。

奎尼丁、普鲁卡因胺和丙吡胺是非常早的抗心律失常药物，副作用非常大。现在我们知道，一些早搏（即期前收缩）是非常良性的。用副作用非常大的药围剿那些非常良性的早搏是不科学的，也不安全。之后有了美西律，后来发现了利多卡因，可以静脉点滴，治疗室性心律失常。利多卡因本来是局麻药，后来有医生观察到它有减少室性早搏的作用，随后便风靡全世界。只要是心肌梗死患者，无论有无早搏，当时的常规都是用利多卡因预防室性心律失常，没有早搏的患者也点滴，有早搏的患者一直用到把早搏消除为止。之后又出了氟卡尼、英卡尼、普罗帕酮（心律平），苏联研发了莫雷西嗪。我们可以看到，那个年代，无论是企业还是医生，大家对于围剿心律失常兴趣极大，热情极高。

这是什么原因呢？

结论基于一个观察研究。美国的一个研究对心肌梗死患者进行随访，随访了 1 年、2 年、3 年、5 年，观察哪些患者死了，哪些患者还存活着，然后将活着和死了的患者做比较，分析患者的死亡相关因素，有没有可预测因素。当时找到了两个因素：1）频发的室性早搏和短阵室性心动过速；2）心肌梗死以后左心功能受损，左心室的射血分数下降。此后，大家就拼命地沿着两个方向去做：1）不断研发新的、更有效的消除早搏的药物；2）既然心脏收缩力低，死亡率高，大家就拼命找增强心力收缩的药物，说白了就是“强心药”。除了洋地黄类药物以外，努力寻找非洋地黄类强心药。

为什么我强调“一定要从经验医学走向循证医学”？咱们回顾这段历史，它恰恰反映了这两个犯了严重错误的研究方向。

1. CAST（Cardiac Arrhythmia Suppression Trial，心律失常抑制试验）

我 1985—1987 年在美国做访问学者，这期间我经历了可以说是把我从经验医学引向循证医学的关键性临床试验 CAST。

首先我们看这个试验的背景。当时出现了两种更有效的减少和消除室性早搏的新药——氟卡尼和英卡尼。这些药很有意思。譬如说：我找了 10 个心肌梗死伴有早搏的患者，吃上氟卡尼或英卡尼，室性早搏就马上减少；把药物停掉，改换成外观一样的安慰剂，同样 10 个人在服用过程中，早搏增多；再换回真药，早搏减少。临床医生和专家们看到这种现象极为振奋，认为终于找到了挽救心肌梗死患者和减少心肌梗死后死亡的新出路。

为了证明消灭了早搏是否真正减少心血管病的死亡和猝死，大家就设计了一个随机双盲安慰剂对照的前瞻性大规模临床试验：入选了1000多个心肌梗死后伴有频发室性早搏和短阵室性心动过速、射血分数下降的患者；把这些患者随机分为两组，一组患者用安慰剂，另一组患者用氟卡尼或英卡尼；具体哪个患者吃了安慰剂，哪个患者用的是真药，医生和患者双方都不知道；安慰剂和真药在外观和气味上一模一样，不能分辨。这个研究预期做3年多，但做到一年半的时候，研究的安全监测委员会有一个中期分析，发现两组患者的总死亡率和心脏猝死已经发生了显著差别，所以试验被迫提前终止。我们知道，已经看到了差别，临床试验在伦理上就不能继续进行了，从科学上也不需要继续进行了。在揭盲之前，参加该研究的专家和医生们认为一定是吃真药的患者死亡和猝死少，吃安慰剂没有消除室性早搏的患者死亡和猝死多。

结果揭晓了，和人们事前的预测恰恰相反。应用氟卡尼或英卡尼把室性早搏和心动过速减少了90%，几乎控制到没有心律失常的这组患者，总死亡率是安慰剂组的2.5倍，猝死率（突然的心脏猝死）增加了3倍。所以，这是个引起医学界震惊的试验，从此改变了全世界医学界治疗室性早搏的策略。（本来大家认为的抗心律失常、减少室性早搏的救命药物，经过了CAST试验却被证实为“致死的药物”。）

美国做了一个评估，使用抗心律失常药物治疗室性早搏所导致的意外（不应该的）死亡人数超过了美国自从有民用航空以来所有空难的总死亡人数加上朝鲜、越南战场上阵亡美国士兵的总数。药厂积极研发和医生广泛使用这些药物，初衷是好的，目的是希望通过减少室性早搏来减少心肌梗死的死亡和延长心肌梗死后患者的寿命。遗憾的是，好的动机没有得到好的效果。

毛主席认为，动机和效果要辩证统一。这是医生必须做的。

大家思索“经验医学”，在其中不乏看到一些替代终点。例如，只看对早搏有没有效果。甚至我国的有些所谓研究把动物实验中看到的生物学效果夸大推广到广大患者，这是极为荒谬的。

2. β 受体阻滞剂与心力衰竭

我们来看另外一条思路。大家认为因为心肌梗死，心肌坏死了，心室收缩减弱了，于是便拼命研发洋地黄以外的正性变力性药物，如多巴胺、多巴酚丁胺、氨力农、米力农等。

这条思路也是死路一条。这些增强心力收缩的药物确实可以改善一过性的心脏血液动力，比如提高心肌收缩力，提高心排血量，一过性缓解症状，但长期随访证实都是增加死亡率的。

相反，在 20 世纪出现的真正改善了心力衰竭和心肌梗死后射血分数低患者的预后，使他们活得更长、活得更好的药物都是负性变力性药物，都是抑制和减弱心肌收缩力的。最经典的案例就是 β 受体阻滞剂。大家看 β 受体阻滞剂早年的说明书，它是心力衰竭和心肌梗死以后心功能不好患者的禁忌证，因为它抑制心肌收缩力。

约30年前，瑞典几名年轻医生遇到一位患心肌病而心力衰竭的青年女性，她心脏很大、心率快，使用洋地黄、利尿剂等各种传统药物都难以缓解病情。在走投无路的情况下，由于患者的心率非常快，他们就挑战传统，反向思维，考虑能不能用 β 受体阻滞剂这种能够减慢心率的药物试一试。当时还是最老的 β 受体阻滞剂，比如普萘洛尔（心得安）。用完以后，患者心率下来了；继续用，心脏变小了。曾经被很多权威和老专家们认为是疯子的一群年轻人，他们确实看到了用抑制心脏收缩的药物治疗心力衰竭出现的一线曙光。然而，只依靠一个具体病例，显然不能推广至普遍医疗实践。

之后，我们看到大量的临床试验，随机双盲，安慰剂对照，针对一些心脏状况初步稳定的心力衰竭患者，一组用安慰剂，一组用 β 受体阻滞剂，随访 3 年、5 年以后，确实看到 β 受体阻滞剂这种抑制心肌收缩的药物反而能够长期使用和改善心功能，更重要的是减少了猝死，减少了再梗死，减少了心血管疾病死亡风险，同时降低了总死亡率，延长了患者寿命，提升了患者的生活质量。

我想通过这两个经典案例说明：我们必须走出传统的经验医学模式，不能普遍推广只针对表面现象的治疗思路和方法。具体到我国，还有很重要的一件事情。我国是肝炎大国，当时治疗肝炎都是用五味子等药物去降肝酶，肝酶正常了就认为肝炎好了，肝酶高了就觉得是肝脏不好。这就是为什么现在咱们吃他汀，看到肝酶升高了几个单位，就赶快停药。实际上，肝酶也是个表象，它并不意味着肝脏一定有器质性的病变。反过来说，肝酶正常了，未必肝病不进展。所以，各个学科都有类似“治疗早搏”的问题。

走进“循证医学”意味着：我们不只关注“早搏”，不只关注“肝酶”……我们关注的是药物或器具（起搏器、除颤器等）治疗能不能和不治疗或者传统治疗相比让患者活得更长、活得更好，不但延长寿命，而且提高生活质量，改善预后。只有实现这个目标的药物和器具才可以被推广。

3.Value-based（以价值为取向的）医学模式

不管医生做什么，例如用个药片或者用个支架，目的是使患者经过这个治疗可以延长寿命和提高生活质量。

医生的职业价值和研发生物技术的价值一定要体现在患者和社会获益的基础上。这就是价值医学。

因而，我们非常重视预后的研究。譬如，现在做了这么多的支架，并且我国的做法非常特殊，最近5年几乎100%使用药物支架，这是任何一个国家，从古巴到美国到印度，没有看到过的。我们知道，药物支架有其先进的一面，即减少再狭窄，同时带有其“双刃剑”的另一面，它是可能引起血栓甚至非常晚期血栓的有隐患的治疗工具。我国的支架数每年递增30%，已经突破30万，可能很快成为除美国以外用支架量最多的国家，而且用的都是最贵的、存在血栓风险隐患的支架。

关键是什么呢？我不知道我国的医生们是没有时间，还是根本不想探究：“做了这么多支架之后，究竟在我国患者身上发生了什么？多少人出现了做支架后的血栓？多少人猝死？多少人需要再次到医院搭桥？用了这么多最新、最贵的技术是否真的让患者活得更长、活得更好？”我们根本没有令人信服的相关数据。

什么是“价值”？“价值”不是你能治疗完全闭塞性病变，他能治疗分叉性病变……大家都在患者身上大比武、大练兵。我认为医生尤其是专家应该认真坐下来讲清楚：应用在患者身上的所有医疗手段给患者和社会带来的是什么？这才是我所谓的价值。

如果这个问题讲不清楚，而是把“价值”体现在使用了很多高难技术，评了很多职称，戴着很高的帽子和很耀眼的光环……我认为这是对社会不负责任。不从患者利益出发，而是一味地使用高难技术，只因为它们新或者收费高，甚至只因为自己会用（擅长），就不是一个称职、合格的医生。

日本讲得清楚，美国讲得清楚，英国也讲得清楚。例如，美国和英国的资料发现：给稳定的冠心病患者放支架，12%完全不需要；38%疗效不明确，用药就够了；只有一半做得合理，给患者带来了利益和价值。类似的相关研究也是我国医务工作者应该正视的。

我强调，我们一定要从单纯的经验医学走向循证医学，最终走向价值医学。只有给患者和社会健康带来利益和价值的技术和药物才是值得推荐和推广使用的。

4. 经验医学、循证医学、价值医学的求证（得到证据）过程

1）循证过程

我想通过“冠心病半个世纪的探索”来和大家讨论“求证循证的过程”。

半个多世纪以前，也就是中华人民共和国成立的同一年，美国的一批医学科学家、统计学专家走进美国波士顿旁边的一个人口相对固定的小社区 Frimingham，从民间科学界启动，组织了一个非常重要的队列研究——Frimingham Heart Study（Frimingham 心脏研究），对这个社区的所有居民从出生、成长到死亡（生老病死）进行完整的全程跟踪，跟踪了半个多世纪。

这个研究的最伟大的成就和贡献是发现了冠心病危险因素学说，找到了冠心病的发病规律，即冠心病绝对不是病毒和细菌引起的疾病，而是与不健康社会环境和生活方式 / 行为导致的多重危险因素相关的疾病。冠心病的危险因素有哪些呢？第一，高胆固醇；第二，吸烟；第三，高血压；第四，糖尿病；第五，肥胖。其中，最确定的是前面三项：高胆固醇、吸烟、高血压。

研究首先发现，不但危险因素与疾病存在相关性，而且有明确的量效关系，聚集危险因素种类越多和每一种危险因素的程度越重，未来 10 年患心肌梗死、心脏性猝死、卒中风险越高，年龄越提前。

危险因素种类越多、程度越重，发病年龄越早，得病的风险越高。

这是循证的第一步，即发现了有些因素可能增加冠心病的发生和死亡的

风险。但这绝不是循证的结束。

大家看 20 世纪的后一段时间，依据上述相关性做了大量的前瞻性临床试验，比如控制饮食，使用降脂药物特别是他汀降胆固醇（在没有这些药物之前，欧美国家基于胆固醇从嘴里吃进后通过小肠吸收的原理，曾经用过小肠旁植手术离断小肠这种非常残忍的开腹手术来减少胆固醇的吸收）。那么，发现了什么呢？无论是通过饮食的控制改变生活方式，用手术的方式减少小肠的胆固醇吸收，还是应用他汀类药物降低胆固醇，只要胆固醇降下来了，冠心病就减少了。大家同时看到，服用降压药或者少吃盐，只要血压降下来了，卒中就减少了，冠心病也跟着减少了。

这一步非常重要，即必须通过随机双盲试验倒过来证明干预了设定的危险因素就能够减少心肌梗死，减少卒中，减少心脑血管疾病死亡风险。

20 世纪的最后 50 年，最终画好了一个圆：危险因素增高，心肌梗死、卒中增多；通过改善生活方式、使用药物或者手术降低危险因素，心肌梗死、卒中减少。这是一个循证过程。

2）实现价值的转化

现在，大家很热衷谈转化医学。我认为当前的“转化医学”总体来讲还比较狭隘。大家都讲 B to B（Bench to Bedside，即从实验室的结果转化成临床的使用药物）。其实，更大的和最终的转化应该是实现价值的转化，比如从 Frimingham 心脏研究起步，最终通过临床试验发现了降胆固醇、降血压、控制烟草等能够明显减少心肌梗死和卒中的证据。下一步就应该把这些证据进行评估、综合，然后形成指南；用指南进一步做广大医务人员的继续教育（毕业后教育）；用这些科学的主导信息开展公众的健康和科普教育，传播到千家万户，让大众知道运用有科学证据的药物和方法（如改变生活方式）来预防冠心病，而不是被伪科学欺骗。

3）总结

a）流行病学研究

首先，我们需要做流行病学研究，发现 A 多了 B 就多（如血压、胆固醇高了，心肌梗死和卒中就多）。

b）临床试验

依据流行病学研究的结论，开展临床试验，从结论反推：干预危险因素，把 A 降下来，观察是否可以减少 B 的发生和发展，从而获取证据。无论中国做的还是其他国家做的，无论控制饮食、使用药物还是手术方法，如果各种试验获取的证据高度一致，这就是最可靠的证据，应该把它明确地写进指南，作为 IA 类明确推荐，广泛推广使用，然后通过医生和公众的教育最终落实在促进健康行为和生活方式上，预防疾病。

知（了解科学证据），信（相信科学证据），行（改变行为、采取行动）。落实在“行”上，是实现转化的最终落脚点。

四、“理解医学，做合格医生”很重要的一点就是“做好临床决策”

当我们面对一个公共健康问题，如我国高血压的整体防控（我国有 2 亿多高血压患者），或者面对一位具体的来门诊看病的高血压患者，我们怎么行动，怎么做出诊断，怎么写治疗处方？我们称之为“临床决策（clinical decision making）”。

“理解医学，做合格医生”很重要的一点就是“做好临床决策”。你可以是针对一个群体，也可以是针对个体的患者。

我们刚才讲了大医学、大卫生的概念，讲了生物－社会－心理的模式，讲了循证和价值医学的全新模式。所以，今天的医生在做临床决策的时候一定要跳出单纯的生物技术。

1. 医生做临床决策，首先要尊重患者，考虑到患者的价值取向、关注和对治疗的预期

我最近看到我们人民医院的一位老教授，他有稳定的心绞痛，诊断没有问题。但是，这位老教授明确说自己不愿意做支架，也不愿意做搭桥，希望接受药物治疗。而很多医生却一味劝说：您这个病变就得做搭桥或者做支架。后来，我跟他谈。他觉得，他现在已经 80 多岁了，在快步走路出现胸痛、胸闷（劳力性心绞痛）时，三五分钟不吃药也能好转；平时日常工作和活动，不走太快，没有任何症状。他认为接受支架后长期吃阿司匹林、氯吡格雷两种抗血小板药物，万一出血，风险更大。

医生不能一厢情愿。

医生不能强加给患者：你要不这么做，你就没救。一定要尊重患者，充分考虑患者的价值取向、关注和对治疗的预期。

2. 医生做临床决策，一定要考虑到伦理和法规

现在大家特别热情地追求新技术，努力争当第一，比如干细胞治疗。

在一项技术尚不成熟的时候，绝对不能一哄而起、一哄而上，一定要有严格的法规管理。这是临床决策非常重要的一部分。

3. 医生做临床决策，要考虑到所在国家和地区的医疗保健体系（比如医疗保险的状况和患者获取医疗保险的途径）和患者的经济状况

例如，西部偏远农村的乡村卫生院里可能只有复降片，或者国产的 2 ~ 3 块钱 100 片的卡托普利、依那普利、氢氯噻嗪、硝苯地平片等。那里不可能有北京三级甲等医院药房里存放的 8 块多钱、10 块多钱 1 片的降压药物。

有些医生说，便宜药不先进，应该消失。这种说法显然没有考虑到各种患者的不同医保状况和经济状况。

医疗保险保障的是基本医疗服务，不是最贵、最先进的医疗服务。

4. 医生要充分考虑你所处方的药物和推荐的技术的临床证据，以及自己和本单位的技术水平（自己不会，就要转给别的专家或者别的医院）

不打无把握之仗，不打无准备之仗。

以上是临床决策需要考虑的因素，综合考虑以患者为核心、患者利益至上的各种因素才能做好临床决策，最大限度地治好患者。

我曾经听到一位青年医生讲，他听个别上级医生说要在患者的白骨堆上练就一身过硬本领。

无耻至极！

讨论：你是否遇到过类似情况？你怎么看这种现象？

某医院院长要求医护人员不但要钻研专业医学技术也要懂经济，早上查房时，先到出院处看看患者还剩多少钱，还够做什么检查，一定让患者把钱花光了再走，不要让患者把钱带回家。

我认为教唆医生做这种事情的院长是非常不上档次的院长。

现在很多医生养成了一种思维习惯，看到患者后老想还能施展什么技术，因为医院的技术实在太多了。比如体检中心，项目眼花缭乱，有的医生只想患者能支付得起哪个档次的豪华体检套餐，不想患者真正需要什么。

最重要的是，千万不要在患者身上做患者不需要的事情。

为无危险因素、有胸痛、月经正常、心电图有非特异性改变的年轻女性处方 CT，实际是害了她，增加的毛收入是不义之财。我们知道，年轻女性的一次 CT 照射会带来一生患癌症的风险，更何况是在她根本不需要接受这种照射（检查）的时候。

不要在患者身上做得过多，反过来想想患者不需要什么，再把该做的做好。

五、推动医疗服务的可及性，实现健康的公平

在课程的开头，我强调医生一定要有同情心，有责任感。为什么呢？因为医生不只是研发技术、掌握技术、技术操作得非常好，更重要的是技术能不能运用到等待甚至迫切需要治疗的患者身上。这就是医疗服务的可及性。如何让医疗服务可及？如何提高医疗服务的可及性？

我想，这方面最经典的案例就是贫困地区先天性心脏病患儿的救治。

一方面，先天性心脏病的救治技术发展突飞猛进。一些简单先天性心脏病过去要开胸，现在不再需要开胸，用介入技术就能封堵；过去一些非常复杂，外科手术也鞭长莫及的复杂先天性心脏病，现在手术可以获得成功；而且手术和介入联合做成杂交或者镶嵌技术可以进一步使更多的疑难、复杂先天性心脏病患者得到救治。

另一方面，我国大部分等待救治的先天性心脏病患者在贫困农村；或者是在没有症状时没能及时发现，被误诊、漏诊，延误了治疗；或者由于早年没有医疗保障，家庭的经济状况不能承担治疗费用，尤其不能到掌握技术更好的大医院接受救治。

一边的技术很精彩，一边的患者很无奈。当技术不可及，技术就没有价值。当医生不光是学习、掌握、研发技术，更重要的是促进和推动那些成熟的、有证据的、可能实现价值的技术运用到有需要的患者身上。

所以，我近些年热心医生的志愿者行动，努力和中国红十字会、北京市志愿者联合会、中华慈善总会、北京春苗慈善基金会等慈善机构合作，积极与政府沟通，希望能够得到政府的支持。经过医务界 10 多年的努力，近些年不但从理论层面得到了国务院和卫生部的认可，从实践上先天性心脏病救治的保障体系正在得到逐步完善，尽管还没有在每个地方落地（例如江西做得非常好，有些地方还需要进一步落实）。

医生不但要掌握硬技术，还要从社会的层面来推动基本医疗服务的公平可及，让人人享有基本医疗卫生保健，不然就很难实现健康的公平，尤其是保护贫困人群的健康权利。实现“健康公平”的关键在于帮助和保障贫困低收入人群（如贫困地区的农民和城市低保人员）也能享受到基本医疗服务。

医生不但要掌握硬技术，还要创建医疗模式，才能实现技术的可及和医学的价值。现阶段，治疗急性心肌梗死的生物技术非常先进，溶栓药物效果是肯定的，还可以直接、快速到导管室用支架开通血管，挽救心肌，挽救生命。

但是大家知道，急性心肌梗死能否救治和能够救治到什么程度，取决于时间。时间就是心肌，时间就是生命。在北京、上海、广州这些大城市的大医院，问题不是技术，很多医生有做支架的技术。问题是患者到达医院太晚，即使患者到了医院，已经到了急诊室，后面的流程不是以“挽救心肌、挽救生命”为主，浪费了大量宝贵时间。以人民医院为例，急诊室呼叫值班的二线，被呼叫的二线还不是一个心血管专科医生，他再去找心脏科的值班医生，然后把患者先收到监护室，最后才到救治现场导管室。流程是错的。从医院门口到第一次球囊扩张时间，指南上推荐是90分钟，现在进一步要求是60分钟，欧洲一些国家这一时间已降到50分钟以下，我国中位数为138分钟（还不算院外的延迟时间）。

这是太经典的一个案例了。要实现生物技术的救治价值，使技术运用到有需要的患者身上，尤其是在时间上必须做到分秒必争时，必须进行服务流程、服务模式的改变（优化和简化）。更严峻的情况是，往往由于经济利益的驱动造成了许多心肌梗死患者在院外的无序流动，甚至有的救护系统舍近求远，把海淀的患者拉到朝阳，把朝阳的患者拉到西城，都浪费了大量的时间。

支架再好、医生技术再熟练，不足以使一个迫切需要紧急救治的患者及时接受治疗。

关键：实现硬技术的软着陆！

真正实现心肌梗死快速救治的另外一个需要重视的问题是教育公众“有胸痛上医院”“时间就是心肌，时间就是生命”。让公众知道抢救的紧迫性，身边的人出现心肌梗死要快速送往医院。

六、医生的方法论

前面我更多地和大家讨论了价值观念和医学目的，都是有关世界观的问题。下面我想具体谈谈当好医生的方法论。如果说前面的内容是强调回归人文，那么下面的内容就是强调回归临床，回归基本功。

三个回归：回归人文，回归临床，回归基本功

1. 始终要坚持实践，坚持基础和实践相结合

医生是一个需要终身学习的职业，根深才能叶茂。根在哪儿？

根就是“三基”：基本理论、基本知识、基本技能。这叫基本功。

医学生进入医学院入门伊始，就要非常注意把基础医学课程和临床相结合。我上学的时候，在当时的教育改革和教育革命当中，我们曾经提出了传统教育的问题：一年不沾医学边，三年不沾临床边，六年不沾工农边（北医是六年制）。第一年学的都是其他课程：高等数学、物理和有机化学，最多学到生物学，跟医学不沾边，不讲解剖、生理、生化；当时北医的课程安排分成三年基础、三年临床，头三年都是在基础部上，不接触临床，把临床和基础完全分成两段；大学六年期间根本就不知道农村、社区的疾病状况。

现在这种现象更严重。现在我们很多医生从上学到当医生，没有去过农村，没有在社区工作过，不懂得农村、社区的疾病状况。

最近教育部推行的最新一轮医学教育改革，大家拿了很多美国的模式、英国的模式和现在很热门的古巴的模式，作为我国医学教育改革的借鉴。我们可以看看美国目前的模式是什么。它强调医学生从入学的第一年就要接触

临床。古巴的医学教育是六年制，医学生不但第一年就接触临床，而且第一年就接触社区医疗，在社区医疗站直接接受临床实践，在社区医疗站上讨论课。实际上，这些过去在我们国内都做过，只是后来被完全否定掉，又重新做。

2.“五指”诊断流程

我 1985 年去美国，大概头半年，读了一本美国的教科书，让我印象最深的是“五指诊断模式”：以我们一只手的五根手指为记忆线索，强调基本技能和基本功。

1）第一步是问好病史。问好病史既是调查研究、了解患者疾病的症状、病史和他做过的检查，也是医患沟通的启动。只有问好病史，才能帮助患者在头一次面对一个生疏的医生时树立信心（如“找你看病，我信得过你”），包括情感的交流。

如果医生问病史非常简单，态度不认真，那么一方面医生很难把患者的病情问清楚，另一方面患者也难以相信这样的医生。

医生问病史不能诱导患者按照医生的思路去描述，也不能不耐心，要倾听患者的主诉，尊重患者的感受，因为病在患者身上。不要随便打断患者，去灌输医生的主观意愿。

（绝不可取的做法：你觉得他就是冠心病，他说的不符合你想的，你就不愿意听，就人为地干扰和诱导他按你的方向去说。）

2）第二步是物理诊断的基本功：望、触、叩、听。中医讲“望、闻、问、切”，西医讲“望、触、叩、听”。

听诊器是必须戴的。

我们有些介入医生不戴听诊器，甚至有的领导公开讲：听诊器是煤油灯，

CT、核磁共振、冠状动脉造影是日光灯，谁戴听诊器谁就落后黑暗，上来就造影就是光明和先进。这是太不应该出的问题了。

3）第三步是简单易行、价格低廉、诊断意义非常明确的床旁检查。我特别强调心血管科医生（其他科室的医生也一样）要看好心电图，看好X线胸片，注意血尿便常规检查。这些非常简单的床旁检查提供了非常重要的信息。心血管科医生不会看心电图，CT、造影做得再好，也很难说是一个合格的医生。

4）第四步是成本高一点、无创或创伤不大的更先进的检查手段，如超声心动图、运动负荷试验。

5）第五步才是成本高、有创伤的检查手段，如CT、核磁共振、冠状动脉造影等。

现在有些医生本末倒置，不问病史或者非常简单地问病史，不戴听诊器，叩诊不细致，忽略心电图、胸片这些基本检查，直奔最贵的创伤性检查，标榜那些是金标准。

我总结我当医生的经历，相当多的心血管疾病靠前三步是可以诊断出来的，必要时再用第四步，少数患者会用到第五步。

我曾经在一家大学附属医院里参加博士生的临床技能评审，我查了一个即将毕业的心血管医学博士的3个病例。有一个病例非常典型。怎么记录的呢？“该中年女性有胸痛，症状不典型，请示主任，主任指示：明天造影。”

这很像是一场三句半表演，三个博士请问一个博导。

博士甲：患者有胸痛。

博士乙：不典型。

博士丙：咋办？

导师：造影！

这个例子很极端，但却绝不是个别现象。我不知道患者怎么能相信这种医生。反过来说，这种医生怎么可能看好病?

"五指学说"不能本末倒置。

七、医学与哲学

我认为，医学是最需要学点哲学的学科。一位上了年纪的民主人士曾经讲：一个人学一门技术可以为社会做点儿事情，只有懂得哲学道理才能干番事业。

1. 疾病的共性与患者的个性（个体差异）

在我们学医和从医的过程当中，诊病、治病充满了哲学道理。比如，哲学一个很重要的原理是"共性和个性"，就反映了"读医学教科书和临床实践"的关系。我们做医学生，或者初出校门当医生的时候，更多的是在接触书本知识。书本概括的是共性。

例如心绞痛，教科书一定强调疼痛部位在胸骨后或者心前区，持续的时间常常是 3 ~ 5 分钟，很少超过 15 分钟，诱发它症状发作的常常是体力活动（如赶公交车、快步走路，尤其是冬天饱餐后迎着冷风用力前行），缓解的方式是休息或者含服硝酸甘油。

我毕业后当医生时，有两位患者给我留下的印象非常深。

一位患者是建筑工人。

他的主要表现是咽喉疼，长期在耳鼻喉科看病，怎么看也不好。比我们更长一辈的老专家，他们的知识面比较全，不光局限于“头痛医头，脚痛医脚”。当时一位姓郑的主任（郑立教授），他虽然是耳鼻喉科主任，但是内科的基础很好，根据患者讲述的发病特点（患者骑车上下班，每次过北海大桥上坡的时候发作，休息2～3分钟缓解，下坡时从未发作过）将患者转给了我。这位患者果然是心绞痛。为什么呢？咽喉炎怎么可能上坡就疼，2～3分钟缓解，下坡从来没疼过？这位患者除了部位不典型，其他症状（诱发原因、疼痛时间、缓解方式）都符合典型心绞痛。

另一位患者是北京一家医院一位非常知名的老专家。

他只要上楼梯、走路走快了就头疼；休息3～5分钟就好了；不动的时候，头从来没疼过，至少没有他看病时描述的那种头疼。后来做运动试验，果然在头疼的时候心电图有ST段下降，这是心肌缺血的客观表现。实际上，这位患者的症状更典型，只是心绞痛的部位“跑到”了头部，其他症状都符合，共性存在于个性之中。

在临床实践中，我们看到的一个一个患者都是不同的，每个患者都有个性，不同的患者可能患有同一种疾病，疾病的共性存在于患者的个性当中。

所以，我们医生在接触每一位患者时，一定要将疾病的共性和患者的个性有机结合，才能做好诊断，不断总结经验，提高自己诊治疾病的临床能力与水平。

2. 一元化思考

我的老师特别教我们要学会一元化思考，注意排除疾病。一位患者可能有发热、腹痛、腹泻等多种症状。如果我们能用一种疾病解释所有的症状，这种诊断就是靠谱的。我们总不能说，发热是一个原因，腹痛是另一个原因，腹泻是第三个原因。“每一个症状都要对应一个病因”的思维方法一定是错误的。

我不否认一位患者可能同时患两种或多种疾病，但最可能的是他的若干种临床表现（症状和体征）的本质是一种疾病。

透过现象看本质。

3. 做医生要不断积累经验，提高临床诊断、治疗水平，要非常注意运用哲学的思考方式

毛主席讲：开始怎么想的？后来怎么想的？中间发生了哪些变化？变化的根据是什么？从中找出规律性东西来。

主席讲这番话是针对一些政治运动。过去从王明路线，到后来肃反、反右，一直到“文化大革命”，在各个阶段都出现过扩大化的问题。主席为了尽量减少冤假错案，减小扩大化，讲了这段话用于指导案件处理。

其实，破案和诊病的过程非常类似，主席的这段话用到医学上同样非常贴切。

1）开始怎么想的？

就是我们第一次医疗接触（如当我们在门诊第一次见到患者）。初步印象和入院诊断就是“开始怎么想的”。

2）后来怎么想的？

出院诊断，甚至是尸体解剖的诊断，是“后来怎么想的”。患者出院后，你可能还没搞清楚。例如发热待查，为什么发热？治疗后，患者诊断还存在什么不完全清楚的疑点？患者还有什么没好利索的问题？所以在患者出院后，你必须继续不断随访。有时一直到患者过世，经过尸体解剖你才恍然大悟，发现是什么原因。

3）中间发生了哪些变化？

大家查查以往的病例。很多情况下，我们的初步印象、入院诊断和出院诊断、尸体解剖诊断是不一致的，发生了变化。

举例：一位患者最近一个礼拜快步走路感到心慌、气短、胸痛。按照我们医生惯性思考，可能认为劳力性的呼吸困难一定是左心心力衰竭，是左心的病，因为左心室心功能不全才会有心慌气短。这是入院诊断。出院诊断却是肺栓塞。

4）变化的根据是什么？

中间发生了变化。很重要的是，变化的根据是什么？为什么把入院诊断时的左心衰竭更改成了右心的病——肺栓塞？因为患者的心电图表明右室负荷重，S1、Q3、T3，VI、V2、V3 导联的 T 波倒置；超声心动图也发现是右室扩大，肺动脉压力增高，三尖瓣关闭不全，甚至可以看到室间隔被向左侧挤压，一派右心负荷增加的景象。进一步给患者做了 CT，明确看到肺血管里有血栓。这些是发生变化的根据。

5）从中找出规律性东西来。

这是非常重要的。看见了变化，又找到了根据，需要总结规律，螺旋式上升。所以，如果医生每接诊一位患者都能注意整个过程，就能够不断提高自己的治疗水平。

做合格的医生，不但要重视疾病最后的诊治结果，还一定要非常留心诊治的全过程。

不要轻易放掉一个原因不明的发热、腹痛和胸痛……要是到患者出院时还没搞清楚，要随访患者、追踪患者，要知道最后发生了什么。

随访疾病的全过程应该成为医生的职业习惯。

现在，我们很多医生给高血压患者开完药，患者回家后吃不吃，能不能把血压降下来，他不管。开了 ACEI，患者会不会咳嗽？他不管。吃完他汀，患者会不会乏力、肌肉疼痛？他也不管。

医生要想不断提升自己，一定要坚持哲学的思考，要认真地追踪疾病的发生、发展过程，才能不断地螺旋式上升、升华，从经验不多的医生成长为经验丰富的医生。

很多老医生（如北大医院的张树基教授）被人们传颂为名医、神医。在大家困惑不解和一筹莫展的时候，他们常常能够一语惊四座，点破疾病的本质。他们绝对不是天生就是这样的“神医”，也一定是经过了学习积累的过程。

不注意过程，简单做加法，即便看了一千、一万个病例，水平也不会太高。

注意过程，不断总结，随着见过病例的增加，越看越有经验，越看心里越有底。

4. 哲学的思考需要善于观察和联想，由表及里，透过现象了解疾病的本质

医学上非常重要的一个内容叫“综合征（syndrome）”，例如预激综合征、X 综合征（Syndrome X）。

什么是综合征？就是一个患者同时出现了两种、三种甚至更多的症状、体征与临床表现，但所有这些表现似乎是一种疾病从不同角度的展示。

医学往往是从观察入手的，开始时只是看到若干现象。尽量用一种疾病解释同一患者同时出现的若干体征和症状。由于大家不能一次就看穿疾病的本质，所以医学界提出了“综合征”的概念，即若干症状、体征的组合，通过联想认为这个组合很可能是一种疾病。

心血管领域最经典的是预激综合征。预激综合征是以三个人名（Wolf-Parkinson-White）的第一个字母命名的，即 WPW 综合征。早在半个多世纪以前，大家看到一种很有意思的现象，心电图上表现的 PR 短，QRS 波群增宽，在 QRS 波群的起始部位有一个缓慢上升的 δ 波，同时这个患者特别容易出现规整的快速心律失常，心率非常快，可以跳到 180 次 / 分钟、220 次 / 分钟，也可能出现心室率很快，心房颤动。大家就把心电图的表现和快速心律失常联在一起，称为预激综合征。

为什么叫“预激综合征”呢？这里不但有观察，还有联想，即推测患者的心脏除了正常的房室传导通路外，有一条房室的旁路，一旦出现从正常通路下传，经旁路回传形成折返时，就出现心动过速。

若干年以后，才找到了“旁路”的组织学证据；后来又在北欧的一个渔民身上成功地切除了“旁路”，根治了心律失常，证实这条“旁路”就是罪魁祸首；最终从外科治疗走向了射频消融（创伤很小、不开刀的导管技术）。这就是人们认识预激综合征的过程。

临床医生要特别注意床旁观察，不要轻易放过不清楚的现象，并且要善于联想。把若干症状能够整合在一起就是综合征。现在有很厚的综合征词典，里面有成百上千个综合征。非常遗憾，几乎没有中国人提出的综合征。

医生要成长，特别要善于观察、善于联想，能够从现象入手进行联想，提出假说，揭示疾病的本质，再通过科学的研究证实本质，最后像预激综合征一样找到根治的方法，从手术走向微创。

八、做合格医生，不能光死读书本，特别要重视能力的培养

这也是毛主席教育思想中非常重要的一个部分。

1. 首先要重视自学的能力。

医生是需要终身学习的职业，学校教育只是很短的一段，要培养自己终身自学的习惯和能力、独立分析问题和解决问题的能力及与患者和社会沟通的能力。在一定程度上，医生的语言比药片和手术刀更重要。

2. 医生应该坚持实践、刻苦读书、善于联想、勤于笔耕。

1）医学是实践科学，医生一定要在患者的病床旁，在为人民服务当中，观察患者病情的变化、用药后的反应……才能不断提高。医学不像数学，陈景润解开哥德巴赫猜想，更多的工作可能是在屋子里面遐想。如果做医生不在患者病床旁，很难发现问题、解决问题。

2）医生应该刻苦读书，把读书和实践结合起来。

3）医生要善于联想。

4）医生应该勤于笔耕。这里的“笔耕”，并不是写文章和发表论文，而是把自己实践中发现的特殊病例和经典病例随手记下来，总结出来。

一个病例可能发现一种病。比如三聚氰胺事件，是一个医生观察到喝奶粉的孩子出现了肾脏的问题（肾结石），再将一个个病例积累起来，看出了

问题。再比如海豹婴儿，母亲服用减少妊娠反应的药物导致孩子出现双上臂缺失的畸形，临床大夫观察到一个具体病例，随后又看到很多类似病例，最后发现了问题。

3. 人生很短，抓紧时间干正确的事。

医生的成长是一个非常漫长的过程，不但学制长，而且一生都在学习、提高、升华。所谓“三十而立；四十不惑；五十知天命；六十著书立说；七十回顾人生；八十游山玩水；九十活不过，那是自己的错”。每十年应该有阶段性的人生和职业目标。

1）三十而立。

我们医生在二十多岁走出学校大门，开始临床实践。第一个十年是坚持医疗实践的十年，学会看病，在患者的病床旁摸爬滚打。不会看病，何来合格的医生?

2）四十不惑。

第二个十年是在继续医疗实践的基础上，研究、创新的十年。要在广泛的医疗实践基础上，轮转了各科以后，选定一个具体的专科，甚至是在专科里选择一个具体的自己喜欢钻研的领域，比如你是愿意钻研心律失常，钻研心力衰竭，还是愿意钻研冠心病，钻研高血压？选择一个很具体的领域深入挖掘，做研究，做创新。努力在这个领域做出深度，超过老师，超过前人。

3）五十知天命。

第三个十年应该走出你研究范围的局限。你不能一辈子就研究一个点，应该重新走向更宽阔的层面。五十岁左右正是成为学科带头人甚至学术领军人物的年龄，你肯定要在战略上综合了解学科发展的趋势和方向，了解各方面的重大和关键问题，才能领好这个学科。你不能还只聚焦在某一个领域、某一项具体技术上，那样的话你很难引领一个学科。

4）六十著书立说。

有了 30 多年的临床经验，又通过自己学习读书，是可以总结自己学医和行医经验的时候了，写出自己的水平和特色。现在，有很多三四十岁的医生在拼命写书，写的书越来越厚。实际上，大部分内容是抄来抄去，因为三四十岁还没有足够的体验，很难写出有特色、有自己经验积累的书。60 岁的时候除了继续做实践，确实应该著书立说，总结可以启示后人的一些成就。

5）七十回顾人生。

医生的一生不只行医，人生经历也非常丰富。以我为例，我经历过“文化大革命”，经历过 SARS，参加过医疗队，到过西藏阿里……我们有很多人生的经历，这些经历当中有很多值得总结的财富。

6）八十游山玩水。

我们有些医生（专家）到 80 岁还在做手术，我觉得不可思议。80 岁还做手术，并且一个人做，一定是牺牲了两代、三代人，甚至更多人的成长。应该把更多的机会让给年轻人，自己也可以享受人生。

7）九十活不过，那是自己的错。

通常情况下，如果能够坚持健康的生活方式（如零吸烟、管好嘴、迈开腿、心态好），那么你的期望寿命是 90 岁以上。医生是获得医疗保健知识更多的职业，所以大家的期望寿命一定是 90 岁，不是 70 岁、80 岁。90 岁活不过，一定是自己的过错，是自己没有好好关注自己的身体和健康。

九、医生一生的三种身份

1. 实践者

医生每天都在看病，都在实践。

2. 教育者

医生要带学生，培养下级医生，同时有责任做公众健康科普教育。不要把健康教育局限于上电视、做节目或者开设健康大课堂。实际上，医生每天都在做健康教育。

你接诊了一位喜欢吸烟的心肌梗死患者，你给他做了支架，还应该跟他讲清楚："以后不能吸烟，吸烟可能会使心肌梗死再发，而且容易长血栓。"

你接诊了一个肥胖的青少年，天天喝含糖量高的饮料。你有责任和他父母与本人谈："孩子应该控制体重，如果不控制体重，长大以后，不但患心血管疾病的危险因素增加，患癌症的危险因素也增加。"

医生每天的日常工作，无论查房还是看门诊，在对患者的治疗和处方当中肯定不只是药物和技术的使用，也需做好健康教育。

3. 探索者

学医、行医无止境。时至今日，我们面对的仍然是大量的未知数。真正能够找到病因并根治的疾病寥寥无几。医生的一生更多是在探索。

十、认真对待每一位患者

张孝骞教授有句名言：医生在终生的医疗实践当中都应怀有如临深渊、如履薄冰的态度。

没有简单的患者，每位患者都有其特殊性。对于每位患者的诊断治疗都应该非常认真、仔细，“粗枝大叶不行，粗枝大叶往往搞错”。

从我自己带学生的经历就可以看出来。以射频消融为例，前面 122 位患者都很顺利，到第 123 位患者出现了并发症，并且发生三度房室传导阻滞，最后安了起搏器。主要是大家开始做的时候都非常谨慎，因为没有经验，反而将每位患者了解得很仔细，准备得很充分，把手术当中可能出现的意外和补救措施都考虑得比较到位，为手术顺利进行奠定了基础。到了第 123 位患者，大家觉得经验越来越多了，而且看到是左侧旁道，认为患者左侧旁道出现房室阻滞的可能性很小，恰恰在这块出现了问题。

现在有些手术量大的医生或者被 / 自认为是专家的医生，术前不看患者，甚至由于手术过程当中患者被手术巾覆盖，做完手术都不知道患者是男是女。这是很荒谬的现象。

做医生真是不敢有任何的轻敌和粗枝大叶，对每位患者都要认真对待，如临深渊、如履薄冰。

十一、四面旗帜（公益、预防、规范、创新）和三个回归（人文、临床、基本功）

医生的成长过程非常漫长，如同赵丹先生主演的影片《李时珍》中反复出现的情景——逆水行舟。医生在成长过程中要耐住寂寞、自强不息、锲而不舍。

人的一生很像沙坑，靠一锹一锹的沙土和一层一层的铺垫。

社会大环境容易改变一个人的性格或者磨灭个性，我们不愿为谁改变，也不愿因为外界的变化轻易改变自己。

不要轻易改变自己的追求，不要随波逐流，不必刻意掩饰自己的真性情，最自然的也就是最真诚的。

人生成长过程的每一个阶段都真心诚意地付出了，随着年龄增长，再回头看时，都会觉得非常美好。

我总结了自己几十年从医的经历和经验，针对目前医疗卫生改革急需解决的问题和面临的一些挑战，提出了“四面旗帜和三个回归”，即我国医务界应该高举公益、预防、规范、创新四面旗帜，推动医学（包括心血管医学）回归人文、回归临床、回归基本功。

十二、《愚公移山》和医学“禅宗”

1. 山外有山

我想讲讲“愚公移山”的故事。愚公移山，坚忍不拔、锲而不舍、挖山不止，最终感动上苍，移动了太行、王屋二山。

在今天社会主义市场经济下，医学在蓬勃发展的同时，也衍生出一些趋利性的影响和急功近利、好大喜功的现象。这些负面因素就要求我们今天医学界的愚公们不但要有锲而不舍的精神，而且要有境界。很有可能，你把太行、王屋二山挖开后，在人们享受交通便利的同时，沿途的众多收费站也如同雨后春笋般出现了。让愚公感到更加不快的是，不少的收费站是由当年言之凿凿“不宜动土”的智叟们经营的。再过 10 年、15 年，这些智叟们和他们的后代可能站出来声明：太行和王屋二山是他们挖开的。今天的愚公不但要挖山不止，而且要做好心理准备。毕竟，愚公的心意只在造福子孙，未曾考虑自己的行为蕴藏多少经济利益，“篡改历史”的现象也不能完全避免。所以，胸襟、境界是必备的。

无论如何，一定要以好的心态继续挖山，只因为山外还有山。

2. 换个角度看世界

不知大家是否读过古龙的《多情剑客无情剑》，里面有一段关于“手中剑、心中剑”的对话。那本来是模仿禅宗教义的一段对话，我觉得，这段话用来描述医生的成长过程也十分贴切。

医生成长的第一个阶段是“手中无剑，心中无剑”。刚刚毕业走进医院，缺乏临床经验，对医学的理解和对患者诊断治疗的把控都感觉心中没数，更谈不上做高水平的科研。

医生成长的第二个阶段是“手中有剑，心中无剑”。随着临床经验的积累，应用技术的水平逐步提高了，但对科研和整个医学大局的把控心中没有底。

再进一步，发展到了“手中有剑，心中有剑”的阶段。不但技术应用得越来越好，而且对医学的理解也越发透彻，尤其科研水平越来越高。

年龄更大一点，经验进一步积累，就进入了“手中无剑，心中有剑”的阶段。医生成长到了一定高度，要把技术让给年轻人做。我们国家有些技术发展之所以不快，很大程度上是因为没有开明的传承机制。事实上，以很多外科技术为例，医生过了40岁，就不是掌握新技术最好的年龄了。非常遗憾，现在很多老医生总想自己会了再让年轻人做，不在关键的时候扶年轻人一把，帮助年轻一代更好地成长。其实，这个阶段更多的职责是做学科的领军人物。像吴英恺教授，他主要是领导他的学术团队前进，他是个外科医生，自己很早就不做外科手术了。我认为，他的贡献比不停做手术的人更大。这个阶段一定是“心中有剑”，而把“手中的剑”交给年轻人。

最后是“手中无剑，心中无剑”的阶段。80岁以后更好的选择是享受人生。

十三、医生职业是使命，不是避风港

我不大懂摄影和美术，但是我非常喜欢一幅画，画的主题叫 RISK。初看画面，并没有什么危险，这是一个皓月当空、风平浪静的夜晚，海面上有条小船。然而，大海的平静是一过性的，起风浪是常态，很可能 3 分钟以后或者 20 分钟以后就会起风浪。

我做了这么多年医生，也去了不少家医院，最开始在北大医院，后来去了朝阳医院、同仁医院，如今在人民医院，也曾在北京军区总医院做过一段时间的工作，在同济大学医学院做过院长。我觉得没有一处是避风港，自己始终在探索医学（模式）的发展，锲而不舍地追寻着自己的理想。现在我已经退休了，还是没有避风港，仍然在“海面”上。这可能就是一种追求、一种境界。

医生职业要求我们一生都在探索。要做成功、合格的医生是一个挖山不止、锲而不舍的过程。我希望大家都能够理解医学，最终能成为一名合格的医生，而且成为一名成功的医生。

医生生涯漫谈

任文林（2017/07）

从事职业是人们参与社会生活、从事社会活动、进行人生实践的最主要的方式，是实现个人生存需要、获得个人安全感并为社会做出贡献的重要途径。我们那一代人的职业选择不像现在的人这么自由和丰富，并且许多都是由“组织”决定和安排的。我这个“理想很丰满、现实很骨感”的医生职业也是被决定的，不过我依然热爱它并至此无悔。

一、起步

走进医学的初始感觉比较沉重。这除了与医学专业本身的特点有关外，那个特殊年代所形成的氛围也是重要原因。走进校园后，77 级学子们对知识的渴求在让人感动的同时，也给虽然胸无大志但也不愿太落后的我带来了无形的巨大压力。相比那些早晨三四点钟起床，凌晨一点还不睡觉，走路、排队买饭甚至上厕所都要看书或背单词的勤奋学子，我这个扛不住而不得不在十一点半前睡觉的人除了感受到了催人奋进的力量外，还常常会有深深的不安与自责。尽管后来学校为了学生的健康不得不在十点半后对教室、图书馆和宿舍实行熄灯制度，但是，马路路灯下、附近医院的门诊大厅里以及其他类似的还有灯光的地方又开始涌动起学而不厌的身影。那时正值文艺复苏和伤痕文学兴起的年代，历经十余年的文化荒漠后，令人耳目一新的文学和影视作品如雨后春笋，颇具诱惑力。然而这些与专业学习无关的绚烂带给我们更多的是遗憾，有时在操场看电视的人群后面多站一会儿都会感到不安。记得有一个周末，我去电影院看了一场《庐山恋》，不务正业的罪恶感在随后的一个星期都挥之不去。

当然，医学院校沉重的课业负担、枯燥的学习内容更让人压抑。一开始就是解剖学、组织学、生物学等等，整天隆突、结节、陷窝，神经、血管、淋巴之类的，摸着骨头、翻着尸体死记硬背。睡眠不足，食欲全无，每天看到菜里面不论什么样的肉都觉得像是从解剖室弄来的。有同学不堪忍受就直接退学了。与考入文科院校的同学见面时可以看到他们显而易见的优越感。欣赏性阅读是他们重要的学习内容，天天徜徉于中外名著的海洋中，时时与浪漫和快乐相伴，相比之下我们的失落不言而喻。

好在还有临床见习。记得第一次到医院，带教老师是一位身材颀长举止优雅的中年大夫，他带我们到病房看了一位50多岁的男性患者，因为突发偏瘫伴失语入院，既往有高血压病史，入院时血压依然很高。老师在系统而简洁的病史介绍后，认真做了示范性查体，然后让我们回答患者是什么情况。刚上基础课而没有接触过临床的我们当时是一头雾水。

接着，老师根据患者的相关病史，为我们做了临床及定位和定性诊断分析：该患者表现为右侧偏瘫且伴失语，其病变部位应在中枢而非外周；既有肢体瘫痪又有同侧面瘫，表明病变应在脑干以上、锥体交叉之前；如此大面积的运动障碍伴感觉异常但暂无明显意识障碍和颅内高压症，暗示病变应在运动及感觉神经纤维高度集中的区域而非广泛性皮层损伤，符合这一特征的部位只能是内囊。因为外周神经功能在中枢的定位特点是上下颠倒、左右交叉，所以导致该患者右侧偏瘫的中枢病变定位应该是左侧内囊。右手优势者的语言中枢在左侧，因此，患者也同时伴失语。那么，是什么原因导致了该患者的左侧内囊部损害呢？患者既往无神经系统的任何异常表现，本次工作时急性起病，这种情况多为脑出血或脑栓塞。患者没有产生动脉性栓塞栓子来源的基础疾病证据，但有高血压史，入院时血压依然很高，所以应该是高血压的严重并发症——脑出血。入院后腰穿抽出了均匀的血性脑脊液，证实了脑出血的诊断。综上所述，患者本次入院是因为卒中，性质为出血性，部位在左侧内囊，基础疾病是高血压。

如此渊博的学识，严密的逻辑思维，无懈可击的推理过程，清晰而自信的诊断结论，顿时让我肃然起敬。原来医生的风采也可以如此迷人！我也应该做这样的好医生！

目标是无形的动力，兴趣是最好的老师。有了做好医生的理想，此后面对的虽然是同样枯燥的内容，承受的是同样沉重的负担，我却感觉痛苦指数大减。从此，我不仅认真对待要求掌握的知识，连那些教材上以小字排版仅供参考和了解的内容也力求能掌握，尽量不留知识盲区和缺陷。同时，我开始思考各门课程的特点、功能和相互联系。首先要学好解剖学、组织学、生物化学和生理学，从宏观及微观结构、代谢以及生理功能的角度去完整地认识和理解“正常人”，这是比较、区分和识别“病人”的基础。学好微生物、寄生虫、病理解剖和病理生理学，认识和理解重要的致病因素、致病过程以及患病后人体器官、组织的形态结构和功能改变。掌握问诊、物诊，学好检验、心电、超声、放射和核医学，正确选择和应用相关技术手段，寻找线索，评价相关系统的结构、代谢和功能状态，正确地进行诊断和鉴别诊断，为疾病治疗提供正确方向。要重视临床各个学科，即使无志于从事的专业也不偏废，这既可为将来的专科发展奠定良好的基础，也可避免视野狭小、专科局限和忽略整体所带来的风险。寒暑假没有上课的干扰，是可以自由选择、系统复习、比较归纳和消化所学内容的宝贵时间，在我完成学业任务中发挥了重要作用。

二、成长

（一）我最初的临床实践

临床医学是实战性要求极强的学科。会读书不等于会看病，比如明确什么情况下需要手术。能否将所学知识与技能顺利转化为解决临床实际问题的能力，同时培养出良好的职业习惯，在进入临床初始阶段的训练，即临床实习和住院医师阶段，显得极其重要，也可以说，临床实习和住院医师阶段是医生成长最重要的时期。

我刚进入医院开始实习时，自认为已经系统完成了理论知识的学习，应对临床工作应该没有问题。等到跟着老师来到患者病床前时，才发现不是那么回事。

我在外科遇到的第一位患者是20多岁的男性，腹部枪伤，低血压，病情危重，当时我能想到的就是需要赶紧手术治疗。而老师在迅速、简短的病史询问和查体后，果断下达口头医嘱：（1）立即建立上肢静脉通路，若有困难即行头静脉切开；（2）快速扩容抗休克；（3）立即做血型鉴定、交叉配血；（4）通知手术室准备，马上行剖腹探查和相应脏器修复术。老师的处理让我开始明白了手术和手术方案有多大的不同，可我不理解建静脉通路为什么不选股静脉穿刺，既容易又迅速，失血性休克患者的上肢静脉塌陷，到哪儿去找血管，静脉切开费事还耽误抢救。老师解释，腹部枪伤的患者可能伤及腹内大血管如下腔静脉，经下肢静脉通路输注的血液或液体都将灌入腹腔，根本不可能进入全身循环。

后来在上夜班时曾收治一位发热、腹痛伴休克的50多岁的女性患者，外科主任查看后迅速做出了“急性梗阻性化脓性胆管炎”的诊断并吩咐在抗感染抗休克的基础上立即手术治疗。急诊手术中，主任在复杂的解剖结构中迅速找到了我们觉得难以辨认的与局解图谱清晰度完全不是一回事的扩张的胆道，解除梗阻后在梗阻近端植入T型引流管，快速结束了手术。手术结束后，我请教主任为什么能够那么快速而肯定地做出“急性梗阻性化脓性胆管炎”的诊断？在休克未能充分纠正的情况下即做急诊手术治疗，是否让患者承担了更高的风险？主任解释说接诊过太多这样的患者，凭借典型的Charcot三联征加上腹部体征，并且已经触到了肿大的胆囊，这个诊断错不了。急性梗阻性化脓性胆管炎的死亡率很高，如果不消除梗阻所导致的带菌胆汁反流，抗感染和抗休克治疗难以奏效，延误手术会大大增加死亡和其他并发症的风险，遇到这样的危重患者，不仅手术决策要果断，手术过程也需快速简洁。患者术后真的很快得以稳定和康复。我折服于主任长期积累的丰富的临床经验、准确的病情判断、果断的决策处置、精准的解剖知识和精湛的手术技巧。

在骨科实习期间，我跟着老师查房看一位股骨骨折开放复位内固定的术后患者，老师示意让我先查。在询问了有无伤处疼痛症状后，我征得老师同意打开敷料，仔细查看后汇报手术切口干燥，无明显肿胀，切缘轻度发红，无出血和脓性分泌物，建议消毒更换敷料。接下来是老师的检查过程，看过体温单上的生命体征后，接着了解患者的进食、睡眠以及排尿排便情况、有无发热，尤其是认真检查了远离手术野的小腿和足部的皮肤颜色及张力变化、感觉和运动功能以及足背动脉搏动。这就是差距啊！老师的查房让我意识到，要做一个好的骨科医生，只管损伤、手术和手术区域是远远不够的，还需对损伤和手术过程可能造成的远端肢体动脉血供、静脉回流和神经功能以及全身情况负责任。

内科实习轮转期间曾经收治一位30多岁的急性重度酒精中毒、昏迷的患者。经过洗胃、综合支持以及促醒治疗等病情仍不缓解，意识障碍进行性加重，严重呼吸困难和发绀，并开始出现呼吸减弱、心率显著加快和血压下降，感觉患者的生命随时都可能终止。请主任看过患者后决定立即气管插管。戏剧性的是完成插管后约十余分钟，患者的呼吸困难和发绀消失，心率和血压恢复正常。我本以为是酒精中毒导致的神经系统和生命中枢损害、不可能抢救成功的病例，患者却在没做其他特殊处理的情况下在半个小时后完全清醒并出院。一眼识破天机、出手即可制胜的神奇不是一天炼成的！我在后来的工作中发现，许多急性酒精中毒患者的危重表现并非严重的神经系统、肝脏或心脏损害而只是中枢抑制导致的舌根后坠和气道梗阻，推测有些在院外死亡的酒精中毒患者中，气道梗阻或呕吐窒息者所占的比例应该不会太小。

（二）我的执业心得

我如今已经退休了，但回想当初依然历历在目。在几十年的职业生涯中，我个人深刻地体会到，除了经验的价值外，以下几个方面对于医生的成长格外重要。

1. 锤炼临床思维是医生成长最重要的任务。

开阔、敏锐、深刻和严谨的临床思维是医生最重要的能力之一，是医生在纷繁复杂的临床问题面前识真伪、辨方向、分主次、断缓急的利器，以系统、扎实、合理的知识储备和不断的选择性知识更新作基础，以科学的思维方法为指导，并在反复的临床实践和勤奋的独立思考中锤炼而成。

（1）疾病诊断事关患者的治疗干预方向和预后，因此对患者的疾病诊断是医生的首要任务。

患者常常不是以具体疾病而是以症状或突出体征就诊，引起同一症状或体征的疾病众多，所以仔细鉴别排除其他病因从而得出正确的诊断结论尤为重要，尤其面对复杂疑难患者，这是对医生能力的严峻考验。

我做住院医师时最喜爱的书是《内科疾病鉴别诊断学》，对患者的症状或体征会按照该书提供的思路，分别找到可能涉及的各种疾病，有时同一症状或体征涉及的疾病可达数十甚至上百种，经过仔细分析比较，充分了解这些疾病的各自特点和细微差异后再与自己遇到的情况做比较，有时还需要查阅基础课教材，力求从结构、代谢和功能的角度，从宏观和微观直至细胞或分子层次进一步理解产生这些差异的机制。这些事情虽然烦琐但并不觉枯燥，这种由临床问题牵引的探索性学习和学习中的工作可以激发对专业工作的兴趣。这不仅有助于解决患者的临床诊疗问题，其查阅、思考、归纳和总结的过程还可以大大加快个人的成长速度。多次的反复可以使自己鉴别诊断的思路变得开阔、敏捷和清晰，产生举一反三、一通多通的效果。

（2）病历书写是培养医生临床思维能力的重要实践，同时也是同事之间交流学习、互相了解的有效途径。

临床实习时，老师对我们病历书写的肯定影响了自己对待病历书写的态度，并且发现收集疾病相关线索、分析和归纳进行诊断与鉴别诊断的过程对于临床思维能力的培养非常重要，所以我对病历书写一直比较认真。实习期间在卫生局组织的质量检查中，我书写的病历受到好评，带教老师也为此感到十分欣慰。参加工作后无论自己分管的患者再多、工作再忙，我也不放松对病历书写的要求，字迹可以潦草但内容不打折扣，在充分收集客观证据的同时，力求通过阳性或阴性表现的记录和分析，清晰显示自己想肯定什么或否定什么的诊断与鉴别诊断思路。

1984 年，我刚参加工作两年就被派出进修，进修期间我收住院的第一例患者是一位 14 岁的男性心力衰竭患者。通过病史询问和体格检查，发现他的心力衰竭应该是源自进行性肌营养不良、继发性心肌病。在病历书写中除了仔细描述该心力衰竭患者的症状体征特点外，我还把他所具备的进行性肌营养不良的特点如生长发育、既往运动能力、舅舅有肌营养不良的家族史以及查体中能表明该病存在以及有助于分型的特征性体征做了系统描述，同时对青少年心力衰竭的常见病因如病毒性心肌炎、风湿性心脏病以及先心病等应该具备但本例没有的特征性病史和症状体征作为阴性表现予以记录，最后做出了继发性心肌病、心功能衰竭及其分级、进行性肌营养不良及类型（假性肥大型）的诊断，并据此提出了进一步检查评估和治疗方案。本小组主治医师在对病历进行审查批阅时认为“诊断和鉴别诊断思路清晰，依据充分，诊疗方案合理”，并在其他大夫面前做了“任大夫不错”的评价。

接下来的两个夜班，我参与处理了两位病情比较严重的患者。

第一位患者是一位50多岁、患休克性肺炎的男性。除了在夜间所做的病程记录外，早交班前还记录了本夜班的病情小结，包括接班时的病情要点，夜班的处理原则，目前呼吸系统咳嗽、咯血痰等局部症状减轻，发热等全身中毒症状得以控制，休克已经纠正和病情稳定的指标如尿量、体温、呼吸、血压、心率、神志表情、皮肤黏膜颜色、肢端温度等，并简要提出了后续观察和处理建议。这一篇简短的病程记录竟意外得到了带教老师的充分肯定，认为用不长的记录已经把对这位患者应该关注的方方面面都完整清楚地做出了交代。

第二位患者是一位23岁的女性夹层动脉瘤患者，诊断为马凡氏综合征、主动脉夹层、乏氏窦瘤破裂。接班查房发现患者极度烦躁、痛苦呻吟、端坐呼吸、大汗淋漓，频繁咳吐大量粉红色泡沫痰。查体心率快、血压偏高，包括主动脉听诊区在内的广泛心前区可闻及响亮粗糙的递减性全舒张期倾水样杂音，双肺上中下野均可闻及湿啰音。根据接班时的病情，我立即写了接班病程记录，并在处理方案项除了镇痛吸氧等，还特别强调了血管扩张剂和利尿剂的应用。带教老师试探着问我对于这么严重的急性左心衰为什么疏漏了强心苷的应用，因为在20世纪80年代初洋地黄类药物还是心力衰竭治疗中最重要的手段。我当时凭借个人的理解回答了老师的提问，认为患者虽然是急性左心衰，但其发生机制并非心肌收缩力减弱导致的心排血量减少，而是乏氏窦瘤破裂的严重反流导致心脏前负荷的大量增加，同时应激反应所致的血压升高也增加心脏后负荷，扩管利尿不仅直接减轻前后负荷、减轻肺水肿缓解症状，还可降低主动脉与左室间的压差，从而减少反流和进一步降低心脏前负荷。强心药物虽然可以用，却不一定有效，并且增强心肌收缩力和增加射血有加速夹层动脉瘤破裂的风险。值班期间我守在病房观察并及时将病情变化、治疗及其治疗反应记入病程记录，老师高度肯定了临床医生这种“腿勤、手勤、脑勤、笔勤”的好习惯。

病历和病程记录书写所推动的病情分析、思考和文献查阅不仅可促进个人临床思维能力的训练和提高，也可及时解决患者的临床诊疗问题，以病历为载体的交流还可以增进医生之间的相互了解和信任。我通过认真的病历书写较快地获得了老师们的认可，在进修不到一个月就被安排作为组长带领另一名进修医生独立值班，这是当时我们科里唯一一个没有本院大夫的值班小组。

（3）做医生要重实践，肯付出，真临床，在过程中学习成长。

从书本上学习理论知识和间接经验固然重要，但在应用知识的实践过程中获得的直接经验尤为可贵。我非常欣赏胡大一老师的经典概括，即患者需要的是结果，而医生的成长在过程。记得我刚当医生时抢救过许多有机磷中毒的患者，即使按照教科书的指导，充分做到了脱离毒物接触、阻止吸收、促进排泄和复能剂应用，并按推荐的剂量给予阿托品，但难以达到“阿托品化”，效果常常不好。倘若超过书本推荐剂量，使用大剂量阿托品使其尽早实现并维持较长时间的阿托品化甚至轻度阿托品中毒的状态，就能抢救成功。但若减量过早或过快出现反跳又没能及时再阿托品化，延迟应用再大剂量的阿托品都难以实现再阿托品化和挽救患者生命。所以那些年在抢救有机磷中毒的患者时，我值班几乎都是守在患者床旁，经常是整夜都不离开，个体化调整阿托品用量，密切观察患者对治疗的反应，以保证患者平稳康复。有些重要病例留给我们的教训和经验至今难忘。记得一位23岁的女性患者开始处理后病情好转且平稳，但阿托品减量后出现反跳现象，很快加大剂量也不能达到再阿托品化，呼叫我们支援，并用三个护士抽药，把本院几箱阿托品全部用完同时调用医药公司和外院的药品支援，都没能实现再阿托品化而最终抢救失败。还有一位30多岁的女性患者喝了一整瓶500毫升的敌敌畏，到达医院后很快发生心肺骤停，复苏后立即行外科开腹洗胃和综合内科治疗以及气管切开呼吸机支持，呼吸机辅助达一周之久，在各科室的密切配合下经过精心的治疗和护理最终痊愈出院。在临床抢救有机磷中毒患者的实践中我个人体会到，对这类患者尤其是严重中毒患者，完全遵照书本推荐的阿托品剂量常常难以实现阿托品化。而剂量个体化的尽早实现和维持阿托品化，避免不恰当减量导致的反跳，是中重度有机磷中毒患者抢救成功的关键，延迟阿托品化或反跳是预后不良的标志。对于其他类型的危重和不稳定的患者也一样，有时稍有疏忽就可能出现意外，所以临床医生必须真临床，在病床旁才能及时了解患者的病情变化并做相应处置，还能观察和熟悉有些药物和治疗措施的性能特点，获得疾病诊疗的直接经验，既提供给患者所需要的良好疗效，也有助于医生的自我成长。

（4）在教训中学习更深刻，也是医生成长的重要内容。

我参加工作的第二年曾接管过一位35岁的男性患者。他因发热、轻度头痛、咽部不适伴发音障碍和吞咽困难3天于前一天下午入院。早晨接班查体时发现他除了体温高（约38.9℃）外其他生命体征正常，神志清楚，眼和瞳孔正常，但张口困难、构音障碍、音量小，项强二指，克氏征、布氏征可疑阳性，无其他异常体征。追问病史无呕吐，否认近期外伤或动物咬伤史。考虑诊断为可疑脑膜炎，咽喉部疾病不除外，尤其像咽后壁脓肿。我学耳鼻喉科时对咽后壁脓肿的记忆深刻，因为老师说它可能随时破裂导致窒息甚至死亡。所以当时立即给主任汇报，并建议请耳鼻喉科会诊除外此病后再做内科处置，主任完全同意并直接将患者带到五官科。遗憾的是，患者张口配合困难，以致五官科大夫用压舌板和直接喉镜都无法满意地看到咽部的情况。由于患者的脑膜炎表现不典型倒更像咽后壁脓肿，这个诊断基本可以解释其全部的症状体征，由于咽后壁脓肿可能出现的后果我们内科无法处置，于是根据我和主任的意见将患者转到了耳鼻喉科住院。第二天早交班时，夜班大夫说他昨晚会诊处理了一个耳鼻喉科的高血压患者，他对降压药物的反应不好。我立即问他有呕吐吗，他说没有。我又问心率快吗，他回答说心率慢。我立即意识到我们犯了严重错误，头痛、血压升高而心率缓慢，这不就是颅内高压吗？患者一定是结核性脑膜炎，咽喉部症状就是颅底神经损害的表现，而不是什么咽后壁脓肿。我迅速冲上二楼让他们赶快脱水治疗，可惜已经晚了，患者刚发生呼吸心跳停止，正在病房做心肺复苏。患者在 1 个多小时的抢救中没有任何反应。抢救结束时我建议主任抽取了患者的脑脊液，检查结果符合结核性脑膜炎的脑脊液生化特征，并找到了可疑抗酸杆菌。

这个病例的教训如此深刻，以至我在几十年中常常不由自主地想起这个已经逝去的年轻生命并深深自责。尽管后来我们请教了相关专业的教授，也以该例太不典型、主要表现为咽喉部症状而脑膜刺激症状不明显并且进展太快没给我们机会来安慰我们，然而从回顾性分析来看，这就是典型的结核性脑膜炎，只是进展确实太快而不像我们过去所见以及书本上所述的慢性经过。此外，我们过分关注了咽喉部的局部症状，并且都用咽后壁脓肿来解释项强、异常克氏征或布氏征这些暗示可能威胁生命的疾病体征。如果我们同步进行中枢疾病的排查、及时发现病因并进行对因和脱水等对症治疗，悲剧后果不一定就不可避免。我在以后的临床工作中特别重视曲颈检查，即使诊断明确的心脏病患者，我也会看看有无项强，一个简单的检查动作可以排除一个系统中许多重要疾病的后顾之忧。

我们工作中经常会遇到临床或亚临床型甲状腺功能减退的患者，没有感觉到他们有什么特别之处，根据需要做替代治疗就行了，从未遇到严重甲减遭遇应激的病例。

而在几年前我们接诊了一位70多岁的急性广泛前壁心肌梗死伴心源性休克的女性患者，值班二线看过患者后决定马上做再灌注治疗。患者被立即送入导管室，但患者对各种升压药物反应都不好，判断与广泛缺血导致的泵功能障碍有关。根据发病时间推测，患者应该还有较多的存活心肌，按照以往的经验，只要开通梗死相关血管，用IABP、临时起搏加升压治疗支持几十分钟就会改善，如果严重心律失常对各种处理反应不好，人工按压几十分钟以恢复有效心肌灌注也会使患者恢复和稳定。所以我们快速完成造影并扩开闭塞的左主干，成功植入支架并恢复了血流。但是成功再灌注后患者很快发生再灌注性心律失常，出现心脏停搏，对人工按压和各种儿茶酚胺类药物都毫无反应，表现为心电静止和按压时的严重低血压，很快就从气管插管中涌出大量淡红色血性液体，考虑为严重肺水肿所致，并最终抢救无效死亡。仔细询问患者的女儿后了解到，患者既往患有严重甲减，医生拒绝为她做任何手术。

这是我第一次见到严重甲减患者遭遇应激时的状态和对于干预治疗的反应，深刻理解了什么是甲状腺素对儿茶酚胺的“允许作用”，并让我在以后对待重症患者和有创操作患者时特别重视甲状腺功能的评估。

实践让我越来越深刻地认识到，患者是我们最重要的老师。我真心尊重每一位患者，长存感恩之心，没有他们对我们的信任并给我们实践和验证的机会，我们就无从成长。

（5）临床思维能力的提升有助于我们在纷繁复杂、真假难辨的临床表象中找到正确的方向。

记得刚参加工作不久的一个中午，急诊收了一个10岁左右的男孩，因突发呼吸困难和意识变化送医院救治。值班儿科医生询问家长确认既往身体健康，生长发育过程无异常。查体体温正常，严重呼吸困难，双肺布满湿啰音，初步判断为急性左心衰，心肌炎所致的可能性大。立即给予吸氧、静脉推注呋塞米和毒毛花苷K做抗心衰治疗，但是20多分钟后患儿病情不仅无缓解，反而意识障碍进一步加深，口鼻喷吐大量白色泡沫样液体，呼吸困难加重，严重发绀。下午刚上班，儿科医生就邀请我一起看看患儿。检查发现患儿呈浅昏迷，浑身大汗、湿冷，双瞳孔对称缩小尺寸如针尖，流泪，口鼻不断涌出大量白色泡沫样物，双肺布满湿啰音，但心率增快不明显，心音不弱，未闻及杂音。患儿虽有严重肺水肿，但是泡沫痰呈白色且清稀而非粉红色，心脏的表现与严重心衰的反应不一致，而且全身都呈现一派M受体功能亢进的表现，考虑肺水肿是分泌性而非心源性的可能性大。但是询问家长都坚称家里无有机磷或类似的物品。鉴于患儿病情危重且进行性恶化，不容等待胆碱酯酶活性等检查结果，建议立即静脉推注1mg阿托品做试验性治疗，观察8～10分钟，若超过预计药物生效时间而无阿托品中毒表现，追加阿托品剂量并观察治疗反应。幸运的是，用药后患儿病情迅速缓解，气道分泌物和肺部啰音逐渐减少且于半小时左右完全消失并开始哭叫，随后按有机磷中毒处理，患儿康复出院。巧合的是，一周以后，患儿7岁左右的弟弟以同样的表现入院，直接按有机磷中毒处理得以顺利康复。

另有一次在我值病房中午班时，护士通知我去查看一位虽然已做过处理但头痛仍不缓解的上呼吸道感染患者。这是一位20多岁的年轻女性，因头痛、恶心就诊但门诊治疗效果不佳，于前一天下午以“上呼吸道感染”收入院。无明显发热，恶心但无呕吐，无卡他症状。入院后已经给予抗感染和解热镇痛药物治疗，但仍感明显头痛。查体发现体温及其他生命体征正常，皮肤黏膜无异常，淋巴结无肿大。双瞳孔和手测眼压正常，鼻旁窦区无压痛叩痛，咽部轻度充血，双侧扁桃体无肿大、无脓性分泌物。双肺呼吸音对称清晰无啰音。心脏检查阴性。颅神经和肢体检查无阳性定位体征，但是颈项强直明显（三指），克氏征、布氏征可疑阳性。考虑蛛网膜下腔出血的可能性极大，因为当时还没有磁共振，CT检查也未普及，所以建议做腰穿。但与主管医生及其上级大夫联系后，他们都认为这个诊断很牵强，问怎么就考虑这么一个少见的疾病。我的解释是这个病例虽然不是那种典型的蛛网膜下腔出血，但是症状体征都不支持用上感或是头面部其他器官等的常见病因来解释患者的头痛。患者头痛伴阳性脑膜刺激征应该考虑颅内疾病。患者病程已两天依然无发热，故颅内感染性疾病的可能性不大；无阳性定位症状体征，所以颅内占位性疾病、缺血性脑血管病或大面积脑实质出血的可能性也不大；虽然不是那种典型的有明显诱因的急性发病、剧烈头痛和喷射性呕吐，但是年轻女性的无热性头痛伴阳性脑膜刺激征应该高度怀疑蛛网膜下腔出血的诊断。最终他们同意立即做腰穿以明确诊断。结果腰穿抽出了均匀新鲜的血性脑脊液，按照蛛网膜下腔出血处理后患者平稳康复。

2. 操作技能训练不只是对外科相关专业医生的要求。

许多内科诊疗活动也需要技术操作，而娴熟的操作技能是实现有创诊疗目标、减少或避免并发损伤的重要保证。

虽然我上外科基本操作技术课时做过一些练习，然而等到自己实习上手术台时才发现，如老师一般精准无误地完成这些操作，使手术野的解剖层次清楚、干净，显露充分、视野清晰、手术从容有序，还真不容易。在外科实习阶段，认真练好切开、分离、止血、打结、剪线和缝合这些基本的外科技术帮我获得了更多的手术机会。看似简单的打结和用血管钳夹住血管断端都非常不容易。以打结为例，不快不行，光快也不行，要打出快而高质量的结对力量的大小、作用部位（两手的用力方向）、一结与二结的关联以及对周围组织的影响等都有很高的要求。开始我们是在衣服的扣眼上挂着练习打结的线，有时间就练，走路、说话都不停手。后来练高标准的，笔套上挂线，要求打出符合标准的结但笔套尽量不动，以保证实际应用中尽量减少对周围组织的牵拉损伤。练止血也是，要准确用止血钳尖端夹住出血点而尽量减少殃及周围组织，也不是容易的事。开始练习用止血钳夹线头时，在桌上和床上练都夹不到，不是不能准确快速触及线头就是触到但不能及时扣钳而又晃走了，熟练后又尝试用止血钳夹悬吊的线。总之，要练好外科基本功必须下一番功夫。临床老师带学生很不容易，既要保证按大纲完成教学任务，又要保证医疗质量和患者安全。如果学生的实际操作能力不能让老师放心，那也不可能去牺牲患者安全利益让其获得相应的操作机会。我的外科基本功训练不仅让我超额完成了阑尾炎、疝气修复的手术任务要求，还有机会在较大的妇产科和外科手术中负责开腹关腹，甚至在急诊剖腹探查中担任过一助。虽然已有几十年未参与过外科手术，但这些基本功依然让我对一些内科的诊疗操作更有信心，如永久性起搏器植入。

早期所做的内科诊疗操作相对简单，主要是针对体腔的穿刺，但也不可或缺。内科操作技术单靠手的灵活是不够的，更要用心，或者说用脑。几十年前中枢的感染性疾病和脑血管疾病都不少见，而那时的影像学检查条件差，疾病鉴别诊断常常需要做腰穿。开始的时候按照书本和其他大夫介绍的方法垂直进针经常遭遇困难不能成功，尤其是碰到那些配合不好的患者时。我后来仔细分析后发现主要与脊柱的解剖结构特点有关。脊柱包括腰椎部分的棘突呈自上向下轻度倾斜的叠瓦状，如果患者由于脑膜刺激等原因而弯腰不满意，自椎间隙垂直进针常常扎在下一椎骨的棘突上而进不了蛛网膜下腔，如果穿刺针垂直于脊柱横轴而在纵轴上稍作倾斜使其在两腰椎间保持与棘突相似的角度进针，过程中不会遇到任何骨性障碍，只需关注两个突破感就可顺利进入蛛网膜下腔。此后的腰穿根据患者的配合程度并按照这样的思路进行都非常顺利无一失败，甚至碰到穿刺极其困难、曾被疑为腰椎畸形的患者都能顺利完成。

心血管介入技术也是一样，除了良好的基本训练、丰富的相关知识和对心血管解剖及其空间关系的深刻理解外，善于思考、“用心”操作对于介入诊疗活动也很重要。记得在米兰学习期间，我由一位非常严谨负责的老师带教，在每次使用导引导丝的时候他都会按照当时教科书技术指导的要求那样强调，把导丝送得“as far as possible”以获得良好的支撑并避免导丝和所载器具的不经意滑落。有一次，我作为助手在和他做一例左侧锁骨下动脉闭塞患者的治疗时，在顺利完成了预扩张后，开始支架定位，但在接近病变部位时支架怎么也无法向前推送到位，想撤回重新塑形调整也拉不动，支架卡在那儿很长时间反复尝试都无济于事。因为担心支架脱载，所以老师让我穿刺对侧血管再进一根导丝和球囊做进一步扩张以增大调整空间。从荧光屏上可以看到老师依然是恪守“将导丝尽可能送到最远”的原则，并且顶到远端还在血管内产生了一定的张力从而使导丝远段变得弯曲。我提醒他是否因为导丝张力太高将支架顶在了血管壁上而不能移动，建议他适当后撤导丝后再调整支架。他轻轻回撤导丝后发现支架进退自如，很快就成功完成了定位和释放。仔细观察和思考后的一个简单动作就解决了这个看似巨大的麻烦，也避免了更多的复杂操作，老师也如释重负并感到十分欣慰。

3. 职业操守是职业人必然涉及的话题。

医生的职业操守除了同理心、敬业精神和责任感等之外，对待相关利益的态度在当代尤其受到关注。我认为无论从事什么职业，无论大环境小气候如何，做人都要有原则，清者自清。记得我刚工作不久就收治了一位边远地区的住院患者，病情刚稳定他就让家人回家给我送来了两只活鸡以表达谢意。从他们的衣着、住院期间的饮食以及几次补交住院费的艰难情景推测，这两只鸡一定是他们家庭财产中非常重要的一部分。尽管他们非常朴实真诚，但我确实不忍接受他们的这份好意。然而患者满含热泪的恳求又让我无法拒绝，加之交通不便，从那么远的地方带过来也不容易，我只好以略高于市场的价格付钱给他们，但他们怎么也不肯收，最后我只好将钱给他交了住院费。我也收过红包，那是在朝阳医院时一位介入治疗术后的患者偷偷往我口袋里塞了一个红包，我连续几天分别退给患者和其亲属，他们又都给送了回来，怎么都没法说服他们，直到他们出院这个红包也没能退回去。不过这是我收到并且没有退回去的唯一一个红包。后来我找到了很多退红包的办法。患者给医生送红包有些是真正出于感激，还有许多是希望医生在患者身上更用心更认真以保证手术或救治的结果。所以术前他们给的红包我都收下以免他们不放心，术后再退给他们，直接退不回去的，我也不会将其上交纠风办作为捐赠，因为这不是患者的真实意愿，我通过护士、护士长或其他同事转交，都能成功退还。我个人的原则是，无论有什么样的利益因素，绝不在患者身上做他们不得益、不需要和不应该做的检查和治疗。

勇于担当也应该是医生不可或缺的职业素养。对于有些危重患者，高风险的医疗活动可能是挽救生命最重要甚至唯一的途径，如果医生迫于某些因素放弃了，患者自然失去了生的希望。

记得几年前有一位80多岁的急性冠脉综合征、心源性休克、心源性呼吸衰竭的患者，大剂量的相关药物治疗、用着IABP和呼吸机但仍端坐呼吸、血压和血氧进行性下降，如果不开通缺血相关血管就不可能阻止病情进展。可是，这样高危的高龄患者上手术台的风险太高，我完全可以以患者不能躺下、手术没法进行等正当理由推掉手术。老人极度痛苦的表情和急切的求生目光让我不忍这样做。患者带着呼吸机、IABP和各种管路上手术台，用几床棉被垫着让他几乎是坐在导管床上，我们用几个很不规范的投照体位做完造影，球囊扩张罪犯血管后患者症状立即减轻，植入支架后患者平稳康复。老人后来每次来门诊复诊时进门的第一个动作就是顽皮地高高举起右手向我行礼，直到我退休前老人来门诊时除了神经系统功能退化明显外，其心脏情况一直都很稳定。

记得还有一位40多岁的男性因急性大面积心肌梗死就诊，我被呼叫赶到医院时心肺复苏就已经进行了1个多小时，除颤转为窦律后血压也不能维持，并很快又转为室颤，人工复苏不能停止，估计不做再灌注治疗就不可能有抢救成功的机会，但是再灌注治疗几乎没法实施，因为总要有人按压和除颤，并且复苏1个多小时都没有良好反应的患者抢救成功的可能性太小。从医务人员的角度，就这样抢救而不做手术对我们最安全，做介入的结果可能就是增加我们的手术死亡率和后续的许多麻烦。患者很年轻，发病后耽误的时间并不长，应该还有大量的存活心肌，到达医院后发生的猝死有不间断的复苏使大脑等生命脏器没有遭受长时间的缺血缺氧性损害，如果能够解决导致各种恶性循环的主要矛盾、开通梗死相关血管使心脏和循环得以稳定，也并非毫无希望。最后我们决定在复苏的同时做直接PCI，先上IABP，只要恢复窦律即静脉推注去甲肾上腺素并视血压情况1～2分钟重复给药以维持适当的灌注压，给予胺碘酮预防室性心律失常复发，再发室颤就再按压再除颤，并立即快速行冠状动脉造影和介入治疗开通梗死相关血管。经过艰难的抢救和术后的精心管理，年轻的生命奇迹般地复苏了。一年以后因为药物难以控制的心绞痛对他的另外一支严重狭窄的血管做了干预并一直坚持二级预防。

虽然当代紧张的医患关系和特殊的舆论氛围进一步增加了医生的职业风险，本应以“竭尽全力除人类之病痛，助健康之完美，维护医者圣洁和荣誉”的医生们在面对高风险患者和高风险医疗活动时不敢再无私无畏地倾力而为，医疗行政部门和行业质量监管对并发症和死亡病例审查中少数专家疑罪从有的讨论也让人心生忌惮。有时候我们真的可能还会受些委屈，但是只要我们的医疗行为有原则、有标准、守规范、尽力而为，我们的内心就能坦然宁静，我们才能够无愧于这个“健康所系、性命相托”的特殊职业。人们可能认为现在的大环境不好，我几十年的从业体会是许多人都是善良的，多数人都是通情达理的，极度偏执的只是极少数人。但是，这些极少数人对医务人员的伤害以及媒体不负责任的推波助澜确实让我们痛彻心扉又倍感无助。

4. 医生是与人打交道的职业，所以人际沟通的能力不可或缺。

单从看病的角度来看，整个过程就是医生与患者之间通过沟通交互获取和传递信息的过程，何况医生的工作更需要团队合作，医生的知识经验和学术思想的交流传承也需要沟通。这其中以医生与患者及其亲属的沟通最普遍最重要。我认为以下几点是保证医患良好沟通的重要条件。

（1）合理的知识结构。

首先，医生的专业知识要丰富到足以用简洁清晰的语言阐明患者面临的医学专业问题，因为这是患者及其亲属关心的焦点，也是医患误解中最常见的问题。在解释专业问题时，如果是经过充分努力或竭尽全力依然不能解决的临床问题，要说明并让其理解究竟是物质条件的限制，还是个人能力限制或医学的时代局限，为后续的抉择做参考。其次是需有必要的知识积淀，因为在完美的沟通中，无论是信息的组织与传递还是信息的接受与理解，都离不开以形象思维为特征的文科和艺术相关基础知识以及以逻辑思维为特征的哲学、逻辑和理科相关知识。知识储备与物质储备相似，有序地存放产生财富，无序地堆积则可能产生垃圾。所以除了关注知识储备的广度与深度以外，对知识进行整理使其结构合理有序对保证有效利用十分重要。

（2）良好的语言功底。

与患者或其亲属沟通，这种能力也不可或缺，如果是教学、学术交流或写作，对语言能力的要求更高。我在文献编译或写作过程中就常有词难达意的遗憾。环顾我们的老师和相关的专业成功人士，几乎无一不是语言大师。

（3）真挚的人文情怀。

人与人之间的交流事实上是通过语言，包括狭义的语言（如文字）和广义的语言（如肢体语言），完成的情感交流。语言是信息载体，传达的是人们头脑所想（思维）和情感。只有当理解、同理心、设身处地、推己及人、换位思考等情感或思维过程由心而发时，语言载体才能传递出有温度的人性关爱，人心是暖的，这对医疗干预全过程可能产生帮助。表面功夫是做不来的，与小学上朗读课时老师纠正的拿腔作调类似，言之无物或冷漠是听得出来的。

（4）诚恳负责的态度。

要实事求是，敢于担当，不掩饰或回避重要的问题，这是建立互信和成功沟通的基础。

三、转型

医生是与健康和生命相关联的职业。医生是分很多层次的。传统意义上的疾病诊疗高手还不能算真正意义上的好医生，因为健康是多维度的，不能只局限于生物学意义上的躯体。从生物学的层面看，保持健康、不生病是最好的。治愈疾病恢复健康之后如何不/减少再发（如流感疫苗的接种）？治疗疾病（如急性心肌梗死）后如何不再复发，完成患者的健康促进？即上医治未病。所以真正的好医生还需顺应新型医学模式自觉转型，不仅要治疗躯体疾病，还要重视患者的精神卫生和社会适应能力；不仅擅长疾病诊疗，还需关注疾病预防和健康促进，自觉促使自己的临床思维由疾病诊疗高手向全面关注身心健康、治防结合的方向转型。

首先是要转变由于现代医学专业分科过细而导致的各人自扫门前雪的职业行为习惯。我作为心血管专业医生，最近二十年来在胡大一老师的教导和影响下，除了应用生物学知识和技术诊治日益增多的心血管患者以外，也开始关注和重视“双心”话题，用“双心医学”理论指导临床实践，既治疗心脏疾病，又重视评估和干预与之相关的情绪障碍。心血管疾病的致残、致死性让人们对心血管疾病心生畏惧，在临床工作中我们发现，有许多罹患心血管疾病的患者由于对所患疾病的担忧或恐惧从而产生一系列的心理障碍，经过治疗后即使心血管疾病得到有效控制，但由于对相伴的心理问题缺乏有效干预，患者的症状和总体感受不能获得相应改善，有的甚至进一步恶化。譬如，有些患者临床表现出心血管疾病相关症状甚至被长期作为心血管疾病患者治疗，而实际这些症状是由于焦虑、惊恐等精神心理问题所产生的躯体表现。大量研究发现，器质性心脏病患者常常合并抑郁、焦虑等精神心理障碍，而抑郁、焦虑也可以通过神经体液机制影响心脏以及其他系统的自主神经活动，影响心血管系统的功能和结构，产生相应症状，并增加心脏事件的发生风险。倘若心血管医生只是盯着与自己专业相关的问题，而忽视患者是一个个身心完整统一的人，就难以识别心血管疾病与精神心理障碍的共病问题，甚至出现彼此误判的现象。作为心血管专科医生，要在扎实的心血管专业知识、技能和丰富临床经验的基础上，增强“双心”意识，学习精神心理障碍相关知识，培养识别和处理这些问题的能力，才能更加敏锐地发现心脏疾病以及不能由心脏疾患所解释的症状，找到疾病的真正病因，做到不漏诊、不误诊、不误导、不滥用技术，使患者在适宜优化的医疗资源利用下实现躯体疾病诊疗和心理健康保持的最佳效果。否则，就难以成为真正意义上的“好医生”。

其次是从“治病救人”向“防治结合”的转变。这种转变使医生除了治疗患者外，更加重视疾病的预防。传授健康生活方式和疾病预防的相关知识、增强患者的预防意识，已经成了我们工作的重要内容。让已患疾病的患者主动参与，积极作为，预防疾病的进展、复发或不良事件，阻止相关危险因素向下游疾病的延伸和发展。

再次是从个体预防向群体预防的转变，可以进一步放大预防效益。近年来，我也主动积极地参与了健康大讲堂、社区疾病防治知识讲座等活动，其受众中有许多是零级预防和一级预防的对象。相比于坐等患者得病、上门求医的被动模式，积极预防的健康效益、经济效益和社会效益更好，代价最小、成本最低，可以有效减少或避免疾病所造成的躯体及精神痛苦、劳动力伤害以及后续治疗护理所需的各种资源消耗。

胡大一老师强调个性化的治疗方案，医生的执业过程也充满了个性化，每一位医生的一生都不尽相同，成功的医生亦然。胡老师年逾七十还在为全民健康梦奔走呼号奋力前行，这着实让人心生感动肃然起敬。我自己是普通人，更多的是坚守岗位，尽职尽责。做好医生，这个梦想是朴实的，不拘泥于形式（如怎么做才是好医生），更不浮夸。在人类的意识中，世界的主体是人，而人的健康是其得以存在的前提。“健康中国、健康人类”的梦想是堪比世界和平、人类共荣的伟大事业。我们看遍疾病与死亡，却不能看破疾病与死亡，因为医学并非起死回生，医生才要努力救赎，悲天悯人的情怀、崇高的使命感、强大的精神动力和忘我的脚踏实地的行动，是我和胡老师共有的执业感悟，也是众多好医生在其执业生涯和职业梦中形成的共识、共鸣和共振。

缓慢但前行，沉默但不灭

吴彦 / 北京大学人民医院（2017/06/03）

一、心力衰竭不再是顽症

心力衰竭是各种心脏疾病发展到终末阶段表现出的一种临床综合征，防治心力衰竭成为拯救心脏疾病患者的最后防线。近 20 年，人们对心力衰竭发生发展机制有了新的认识，经过实践探索，证实某些药物对心力衰竭具有意想不到的疗效。因此，心力衰竭的治疗策略发生了重大变化，从单一的改善患者症状为目的的治疗，发展到全面评估病理生理状况，通过抑制神经内分泌的激活，阻断心肌重塑，改善患者长期预后，提高患者存活率。

在新的世纪，心力衰竭不再是顽症，许多心力衰竭患者得以康复。只要医生和患者共同努力，选择好正确的治疗方法和药物，坚持治疗，心力衰竭患者的前途是光明的。

二、从“清晰”到迷茫

1982 年，我带着对医学的崇拜考入北京医学院。图书馆中各种中外文医学图书对人体和疾病的详尽讲解，更使我幻想着通过自己的努力学习，将来能成为一名手到病除的高明医生。出于对内科医师学识广博的崇拜，我更加潜心研读疾病的药物治疗。心力衰竭是内科学的重要内容，当时的教科书对于心力衰竭的发病机制、病理、病生理和临床表现都有详细描述，还详尽介绍了“强心、利尿、扩血管”等药物治疗的具体方法。我自认为只要精通这些方法就可以拯救心力衰竭患者。

我遇到的第一位心力衰竭患者是我的邻居，一位 70 岁的患有风湿性心瓣膜病的老太太。尽管长期服药，她仍然反复发作心力衰竭。她家属问我有没有更好的治疗方法，我查遍书本并咨询老师后回答，这种病已经是心脏病的晚期了，该用的药都用了，再犯病就只能住院，针对症状治疗，缓解症状，也就是所谓的姑息治疗。几年后，老太太因肺部感染心力衰竭加重去世。我第一次感到医学的乏力，想不通为什么掌握得很透彻的疾病就是治不好，当时认为很完善的治疗也不能阻止疾病的发展。

此后，又有一位患风湿性心瓣膜病伴有心房颤动以及心力衰竭的老大爷，家属对我抱有极大的期望，还多次请我去家里诊治：洋地黄强心、氢氯噻嗪利尿、消心痛扩血管，再加上阿司匹林预防血栓。家属也咨询了几位老专家，都说治疗方案很好。几年下来，患者病情还算稳定。突然有一天，家属打电话说患者倒地昏迷，急救车到达时呼吸心跳已经停止，请我想办法救人。我无奈地回答说，如果心肺复苏不成功，就没有救了。我再次感到困惑：针对这些患者，真的没有更好的治疗方法吗？还是因为我太年轻，缺乏临床经验？

当时许多医生都认为那些心脏明显扩大的心力衰竭如同恶性肿瘤，患者最多存活 3 ~ 5 年。面对扩大的心脏和心力衰竭的诊断，许多患者认为这无异于被判了“死缓”，从此情绪低落，对治疗采取消极态度，更加速了病情进展。

已有一百多年用药历史的洋地黄也不能阻止心力衰竭患者的死亡，心力衰竭的救赎在我看来变得那么迷茫。

三、曙光乍现

1. 临床研究奠定了ACE抑制剂作为心力衰竭治疗的基石和首选药物的地位

20世纪80年代初，血管紧张素转换酶抑制剂（ACE抑制剂）上市后迅速成为重要的降压药物。80年代末期和90年代，人们尝试使用ACE抑制剂治疗心力衰竭，当时认为该类药物具有血管扩张作用，有可能缓解患者症状。在进行了一系列临床研究后，意外发现ACE抑制剂治疗慢性心力衰竭不仅能缓解症状，而且可延长患者寿命，降低死亡风险，减少再次心力衰竭住院的概率。这些激动人心的结果给心力衰竭的治疗带来了新的希望。

“CONSENSUS研究”最先获得了成功，该研究在253例严重心力衰竭（按照慢性心力衰竭严重程度分级达到最严重一级，Ⅳ级）患者中进行。这些患者均已经采用强心、利尿、扩血管等药物治疗，随机分为两组，一组患者给予ACE抑制剂依那普利每日40mg，另外一组给予无任何疗效的安慰剂治疗。其结果是使用依那普利治疗的患者心功能显著改善，扩大的心脏缩小，更重要的是死亡人数明显少于安慰剂组，其他治疗药物的需求量也减少了。这个试验第一次证实了药物治疗可以降低心力衰竭患者死亡风险。紧接着，“V-HeFT Ⅱ研究”经过两年观察，也证明依那普利比传统的肼苯达嗪加硝酸盐等单纯血管扩张剂治疗提高了生存率。

心脏是个泵血器官，其主要功能是通过心肌收缩将血液泵到全身。反映心脏收缩功能的一项重要指标是左室射血分数（LVEF）。健康人该值可以达到 60% ~ 70%，也就是说心脏收缩一次，可以将心室中 60% ~ 70% 的血液排出，而严重收缩性心力衰竭患者的 LVEF 值不到 40%，心脏收缩后大部分血液还滞留在心脏。

在一项"SOLVD 研究"中，入选 2569 例左室射血分数≤ 35% 的严重心力衰竭患者，这些患者都有心力衰竭症状，也都采用强心、利尿、扩血管等药物治疗，随机分为两组，分别服用依那普利每日 2.5 ~ 20mg 或安慰剂。结果也是服用依那普利的患者组死亡人数以及因为心力衰竭再次住院的人数明显较少，特别是因为心力衰竭加重而死亡的患者明显较少。随后又在症状较轻和没有心力衰竭症状的患者中进行类似研究，也获得同样结果。

此后，一系列临床研究均证实，多种 ACE 抑制剂均可使慢性心力衰竭患者（不论轻度、中度或重度症状，有无冠状动脉疾病）症状减轻，减少再住院风险，降低总死亡率，最大获益者是左室射血分数降低的患者。

2. β 受体阻滞剂成为治疗心力衰竭的基础药物

心力衰竭患者心脏排血功能减弱，为了适应机体需要，交感神经系统被激活，心跳加快，心脏收缩力加强，心脏也会因此逐渐扩大变形，最终加速心力衰竭的进展。β 受体阻滞剂可抑制交感神经系统活性，阻止心力衰竭发展，但使用后会降低心肌收缩力，早年人们不敢用于心力衰竭患者。经过一些临床观察，发现只要从很小剂量开始使用，逐渐增加剂量，绝大多数患者可以耐受 β 受体阻滞剂，并最终获得疗效。

1993 年公布的 MDC 试验是一项较大规模的试验，入选者均为扩张型心肌病所致心力衰竭患者，病情严重且进行性恶化，需要心脏移植，否则将很快死亡。结果发现，采用 β 受体阻滞剂美托洛尔治疗后，死亡或需要心脏移植的发生率降低 34%。1996 年美国卡维地洛心力衰竭研究结果也提示 β 受体阻滞剂可明显降低各种心血管疾病所致心力衰竭患者的住院率和死亡率。

在世纪之交完成的三项临床研究结果更是令人兴奋。首先是1999年公布的CIBIS Ⅱ试验结果显示，与安慰剂对照组相比，服用β受体阻滞剂比索洛尔，患者的总死亡率降低34%。紧跟着，于同年公布的MERIT-HF研究入选将近4000例慢性心力衰竭患者，是迄今为止规模最大的β受体阻滞剂治疗心力衰竭的临床研究。结果同样显示，与安慰剂对照组相比，服用美托洛尔的患者总死亡率降低34%，疗效非常显著。2001年公布的COPERNICUS研究入选2289例严重心力衰竭患者，左室射血分数＜25%（平均19.8%），休息或轻微活动时有心力衰竭症状。结果，这些严重心力衰竭患者也能耐受β受体阻滞剂治疗，在平均10.4个月的随访期中，卡维地洛组比安慰剂组总死亡率降低35%。至此，β受体阻滞剂在心力衰竭治疗中不可替代的作用被确立。β受体阻滞剂被写入慢性心力衰竭治疗指南，成为治疗心力衰竭的基础药物。

这些新的治疗策略和方法使心力衰竭患者有了重生的机会，成为心力衰竭治疗的一场革命。

四、划时代的2001年

基于ACE抑制剂和β受体阻滞剂在慢性收缩性心力衰竭成功应用的循证医学证据，欧洲心脏病学会（ESC）（2001年9月）、美国心脏病学会（ACC）/美国心脏协会（AHA）（2001年12月）很快改写了心力衰竭指南。我国医务人员也迅速行动起来，由中华医学会心血管病学分会、《中华心血管病杂志》编辑委员会主办的“全国世纪之交心力衰竭学术研讨会”于2001年9月21～24日在我国西北城市兰州隆重召开，国内心血管界众多“大腕”参加了此次会议。会议回顾20世纪心力衰竭治疗概念的更新、治疗策略的演变和各种治疗方法的成败，总结出当前较合理的心力衰竭治疗对策，并瞻望21世纪的发展方向。会议从心力衰竭的基础到临床，对心力衰竭的发病机制、各种药物具体实践应用的认识和存在的问题等进行广泛深入、切合实际的讨论，并由有关专家作专题讲座。会上还展示了“中国慢性心力衰竭治疗指南”供大家讨论。该指南于 2002 年 1 月正式发表在《中华心血管病杂志》。

国内外新指南均指出，慢性心力衰竭治疗已经从短期血流动力学 / 药理学措施转为长期的、修复性的策略，目的是改变衰竭心脏的生物学性质。心力衰竭的治疗目标不仅是改善症状、提高生活质量，更重要的是针对心肌重塑的机制，防止和延缓心肌重塑的发展，从而降低心力衰竭患者的死亡率和住院率。

胡大一教授申请了卫生部的“十年百项计划”，在全国各地大力推广心力衰竭的规范化治疗。当时，我加入了胡教授的宣讲团队，在宣讲的过程中，我对心力衰竭的规范化治疗有了更深刻的认识，即我们不能满足于短时间的症状控制，而是要关注长期预后。

从此，慢性心力衰竭治疗进入一个新的时代。

五、从心力衰竭门诊探索心力衰竭管理新模式

有了指南，有了明确的治疗方法，如何落实？

我们大力推广的 ACE 抑制剂和 β 受体阻滞剂等神经内分泌抑制剂留给患者的初次印象往往不佳，特别是 β 受体阻滞剂在开始使用阶段（一般为 6 周）有可能加重患者的症状。有的患者认为医生“医术不高”或“开错了药”，拒绝复诊或频繁更换医生、医院。因此，这段时间正是需要医患配合，共同渡过的艰难时期。“难”就难在需要不断调整药物剂量。医生需要根据病情开始用药，并逐步增加药物剂量，患者需要密切观察并记录病情变化，配合治疗，直到药物达到充分有效的剂量，病情稳定后才可长期维持稳定的治疗。

在这段“艰难时期”会遇到很多困难。有些患者服用 ACE 抑制剂出现干咳、血压偏低、肾功能暂时恶化；有些患者服用 β 受体阻滞剂出现水肿、

胸闷加重等。这些不良反应使患者感觉还不如应用以往的药物见效快。再加上调整剂量阶段每隔 1 ~ 2 周就需要到医院复诊一次，这对心力衰竭患者来说是多么不容易呀！此外，这些药物的价格也高于以往的强心、利尿药物，算起来每月需要数百元药费，也令一些患者望而却步。因此，普通门诊的医生难以对心力衰竭患者施行规范的治疗，很多慢性心力衰竭患者不能受益于最新的医学成果。

但是无论如何，正是这些药物减少病情复发，降低再住院率和长期总的医疗费用，生命的延续更是无法用金钱衡量的。

怎么办？开设心力衰竭门诊，架起医患有效沟通的桥梁。心力衰竭门诊由经验丰富的临床医生担任，这些医生熟悉心力衰竭循证、规范的治疗方法。更重要的是，患者在相对固定的医生处就医，看病有了连续性，医生更容易掌握病情变化，便于药物调整。

世界各地的实践证明，经过心力衰竭门诊规范治疗可以改善治疗效果及患者的预后。据国外报道：心力衰竭患者出院后足量使用 ACE 抑制剂者仅 34% ~ 35%；普通门诊治疗一年后，其使用率只有 38%；而经过心力衰竭门诊治疗，其使用率可提高到 84%，并使一年死亡率和住院率由普通门诊的 42% 降低到 21%。重症患者和经常需要住院的患者更有可能从心力衰竭门诊治疗中受益，医疗费用也显著降低。通过心力衰竭门诊还可以对患者进行登记，督促患者定期复诊，为患者发放科普资料，组织患者参加健康教育，促使患者更好地配合医生接受有规律的治疗。总之，心力衰竭门诊是心力衰竭患者的第二个家，心力衰竭不再是顽症，心力衰竭门诊可以使患者获得新生。

病例 1

1996 年，我遇到一位 60 岁男性患者，发生过两次心肌梗死（前壁和下壁），并出现心脏扩大、心力衰竭。患者不同意介入治疗，要求药物治疗。我开始尝试美托洛尔和福辛普利治疗，2001 年改用比索洛尔 10mg/d（加大剂量）和福辛普利 20mg/d，坚持使用至今。该患者一直在我的心力衰竭门诊随访，现在心腔大小和心功能均恢复正常，日常活动也没有症状，患者感觉如同没有发生过心肌梗死和心力衰竭。

病例 2

还有一位扩张型心肌病心力衰竭的老年女患者，十几年前在多家医院诊断为心力衰竭晚期，当时有医生说她最多再活 3 年。当年我接手该患者治疗也心存疑虑，怀着试试看的态度开始使用 ACE 抑制剂治疗，病情逐步稳定。以往该患者每年住院 2 次，1999 年后未再因心力衰竭住院。从 2001 年起，患者坚持使用比索洛尔和缬沙坦（疗效等同于ACE 抑制剂）治疗，并定期到我的心力衰竭门诊就诊，心功能恢复至 I 级，日常活动不受限制，还可进行体育锻炼。

这样的病例还有很多，显著的疗效连我自己都感到意外。

六、创建双向管理新模式

我们经常遇到一些长期就诊的患者不能坚持用药，或减少原来已经调整好的药物剂量。ACE 抑制剂和 β 受体阻滞剂均为降压药物，但是用于心力衰竭治疗的目的不是降压，而是要降低死亡率和住院率，改善长期预后。因此不能认为血压不高或心率不快就不需要这些药物，或减少药物剂量。相反，其用量远远高于降压所需剂量。许多患者，甚至医生，不知这些道理而轻易停药或减少药物剂量，使患者不能从这些药物治疗中获益。当然，这些药物的使用确实有难度。

至今，上述明确有益的治疗药物仍然尚未得到充分应用，原因是多方面的。其中主要原因是慢性心力衰竭患者分布广泛，在各级医疗单位诊治，仅仅依靠高级医疗单位施行新的诊疗方法远远不能满足广大患者的需要；在治疗的初期，患者症状常常没有改善甚至恶化，患者因此不能坚持治疗；慢性心力衰竭规范药物治疗剂量调整阶段较烦琐，使许多临床医生也难以坚持；患者可以自由选择多家医院和医生，这种做法在慢性心力衰竭治疗中可能带来不良后果，譬如患者要求治疗效果立竿见影，否则就要换医院、换医生，迫使医生“急功近利”，返回到20年前的治疗方案，在治疗心力衰竭时喜欢使用强心、利尿、扩血管等对症治疗方法，而不愿意使用ACE抑制剂和β受体阻滞剂等在短时间内费力不讨好的药物。

慢性心力衰竭药物治疗是一场持久战，需要专业医生、基层医生和患者（家属）共同参与的同疾病斗争的持久战。只有医生和患者双方努力，各级医生耐心施治，患者认真配合，坚持随访（复诊），不断调整直至达到最佳药物剂量，才能获得满意疗效，使医学科学的进步真正落实到每位患者。

胡大一评语（2017/06/01）

编辑找到我，说：吴彦交来的稿件是其在《胡大一医生浅谈心脏健康》中负责编写章节的一部分，问我是否采纳此次投稿。看了文章后，我说：这篇文章非常适合。

首先我和大家分享我对《我的医生生涯和医生梦》的约稿要求。1）请完成命题作文《我的医生生涯和医生梦》。2）具体内容：大家可以写自己的执业经验、经历和由此形成的认识、思想演变过程（比如，有没有感悟，有没有令你触动的人或事，有没有憧憬，在思想上当初和现在有没有变化）……3）要求：a）字数不限，以内容需要为准；b）说实话，讲人间烟火。我邀请了老中青几代人共同完成这本《我的医生生涯和医生梦》，努力引导一部分医疗卫生领域从业人员的认知回归真实世界。

一些医生（其中有我的学生）婉拒了我的约稿，理由是这种文章会涉及敏感话题，不好把握分寸。就此吴彦为大家上了生动的一课。

其实，我此次的投稿也是“旧作”。我认为好的文章必须具备两个基本要素：1）最重要的一点是文必须对题；2）写文章一定是有感而发，有创作的欲望，写真情实感，不能为了写文章而写文章。我不能做到每篇后来的作品都优于前面的作品，因而根据选题，选择了自认为最适合的文章，我想效果是最好的。

现在大家一起来看吴彦的这篇文章，为什么我说“非常适合‘我的医生生涯和医生梦’的选题”？

吴彦的心内科基本功非常扎实，他选取了自己最感兴趣的一条线索——心力衰竭，清晰地叙述了自己伴随医学科学进步的成长过程。我们看到了一位对手到病除满怀崇拜、幻想和憧憬，徜徉于书海，努力学习的医学生；他在走出校门后，面对理论知识与临床实践的落差，感到无助、失落、迷茫、彷徨，甚至痛苦；当医学科学的进步撕开乌云，他看到了曙光，无比兴奋；他将医学科学的进步应用于临床实践，亲历一位又一位患者的疾病逆转和健康促进，洋溢出幸福。

很多年前，当我第一次阅读这篇文章时，这一连串清晰的画面就已经呈现在了我的眼前，我就已经被感动。这一次，我将原来适合科普知识的题目改成现在的“缓慢但前行，沉默但不灭”。

缓慢但前行：医学科学的进步需要过程，但从未终止其脚步，也从未改变其促进人类健康的终极诉求。

沉默但不灭：吴彦的文章中叙述了两个病例。不幸的是，第二个病例中的患者前不久去世了。医学科学的进步不能终止由生到死，然而无论如何，吴彦改变了原本“命运”对两位老人的“宣判”，并且陪伴他们度过了很多年，还要和第一位老人继续并肩走下去。我从文章中感受到了吴彦和两位老人在健康促进过程中情感上的互通与交融。我常常要求学生们“急患者所急，痛患者所痛”。而这种医患之间的情感互通和交融是医者的更高境界，即为患者的健康带来了实实在在的获益，并在此过程中与患者共同成长（例如医患双方对疾病知识的更新、互信的增加）。

如同《领悟！平凡的大医生》中的王静毅主任，吴彦也很安静，聚光灯的追光很难，也许永远不可能打到他们身上。只有与他们并肩健康大作战的患者知道他们、记得他们、相信他们。不出名，又怎样？他们不会“在沉默中爆发”，也不会“在沉默中灭亡”；他们始终在自己的岗位上，和自己的患者在一起。引用文章中的一句话：“心力衰竭门诊是心力衰竭患者的第二个家。”“医者仁心”，抑或是“视患者如亲人”，不是口号，拿来当歌儿唱的，而是扎根在了这些默默无闻、无私奉献的医生们心中，无声地融入了他们的工作点滴。

医生的成长和感悟为什么一定有敏感的话题？此处，我只有感动和满满的正能量。

吴彦：

特别感谢胡大一老师的评价。当初，是胡老师指导我关注心力衰竭，使我在心力衰竭治疗的迷茫中看到曙光，从学术发展到日常工作以及个人成长，胡老师都给予了我很多帮助。希望有更多的人能分享我的感受，关注心力衰竭的规范治疗，使心力衰竭的规范治疗惠及更多患者。

医疗实践与医疗观念

戴若竹 / 福建医科大学附属泉州第一医院（2017/03/11）

我从 21 岁当医生，到今年已经有 32 个年头了。闽南地区有个说法，做医生就是做善事，是在为子女、父母积善。我理解那是因为医生职业是“你”生病了（无论大病、小病）“我”来“看”（当然划分了各个专业科室）。然而，医生执业就因人而异了。人们总能听到不尽如人意的“医疗故事和结局”，我认为原因有两个：（1）确实有不尽如人意的医疗过程，但原因是多元化的，需要具体问题具体分析，比如一些恶性伤医事件的缘起是客观检查结果和患者的主观感受不符，另一些是因为患者的治疗依从性不好，没有按照医嘱治疗……（2）人们往往更喜欢讲述“不如意”，原因之一是问题没得到解决，所以继续寻求解决办法。

我更喜欢胡大一教授对于临床医生的定位，即解决临床问题。这个描述比起“治病救人”“救死扶伤”更客观和冷静。“治病”是没错，其他的表述似乎增添了很多的渲染。反正我用多了这些表述，不知不觉间会感觉自己很“伟岸”。医生作为职业，其神圣是先天的；医生个人的执业，则必须经过后天的磨砺。人说“十年磨一剑”，胡教授说“医生需活到老学到老”。医生的打磨是一辈子的事，因为在整个执业生涯中总有机会遇到没见过、不知道的病症。我认为这个时候，医生要对自己坦诚，要客观地与患者或其家属讲解现阶段的真实情况，积极帮助患者寻求本院其他医生或本院以外的医疗帮助（如请示上级医师、院内 / 院外会诊），伴随见闻和实操机会的增加不断提高自己的临床水平。我们在临床中碰到一些患者本不需要安支架却做了支架手术，结果只能被诊断为冠心病支架术后；遇到一些危重患者，由于医院医疗力量不足，要求患者自行转院或维持现有治疗……这些本不该发生。

有一次读胡大一教授的《理解医学 做合格医生 构筑心长城》，胡教授引用张孝骞教授的名言：医生在终生的医疗实践当中都应怀有如临深渊、如履薄冰的态度。这一点我感同身受。为什么？记得我刚做医生的时候，郭炳章主任一大早查房，发现一位农药中毒的患者发热、心跳很快，原因是阿托品用量过大，我由于经验不足而疏于观察，结果患者不幸去世了。郭主任没有指责我，而是耐心地教导我，指出我在临床工作中的偏差和可以提高的地方。这件事对我触动很大，从此以后，我更加注意对患者的临床观察，识别和区分临床实践与医学教科书理论的异同，注重理论与实践的结合和提升临床基本功。到了今天，当我遇到年轻医生在临床工作中出现失误，很少当众指责，而是把当事人叫到一边，详细询问、分析和处理。医生在其一生的执业生涯中，无法做到不犯错误，年轻人需要宽容的思考和改正空间；医疗卫生行业中有些错误的代价是惨重的，医生一定要尽己所能少犯错误，不能认为“在错误中成长”理所当然。

后来介入技术在国内崛起和迅猛发展，我也满怀热情和憧憬地投入“介入拯救心血管疾病患者”的洪流中，精益求精地努力磨炼技术，攀升手术水平。

然而，伴随介入越做越多，我的热情慢慢被浇灭了，而且越来越困惑，越来越没有成就感。我和广大同仁不断跟进国际上的新技术，加班加点、夜以继日（急性心肌梗死救治的绿色通道）地实施手术，换来的却是更多的等待接受介入治疗的患者。胡大一教授在他的文章中就此做了形象的描述：“美国心脏协会做了一个非常生动的比喻：心血管内、外科医生都聚集在一条经常泛滥成灾的河流的下游，拿了国家很多基金去研究打捞落水者的先进器具，同时不分昼夜苦练打捞本领。结果却事与愿违，坠入河中的人一半死了，被打捞上岸的人也是奄奄一息，更糟糕的是坠入河中等待救援的人还越捞越多。”

问题究竟出在哪儿呢？

1. 首先我们来看胡大一教授总结的心血管疾病规范化诊断流程。

第一，详细询问患者的病史，与患者真诚沟通，这是一切的基础。

第二，物理诊断。具体分为“望”——看患者有没有黄疸、贫血、发绀、肥胖等；“触”——触摸患者的胸部，如感触心尖搏动、有无震颤；“叩”——叩患者的心脏浊音界和肺部；“听”——使用听诊器，注意心音变化，了解有无杂音或附加音、肺部呼吸音，有无干、湿性啰音。

第三，用一些基本技术检查和诊断疾病，比如做心电图、拍 X 线胸片，这些技术通常简便，而且经过多年的临床运用，对诊断有价值，成本低。

第四，必要时让患者做无创性的辅助检查，譬如运动平板测试、超声心动图检查等。

第五，必要时处方 CT 或有创冠状动脉造影检查等，这些检查成本高。

胡教授说以他出门诊的经验，相当多的心血管疾病靠前三步是可以诊断出来的，必要时再用第四步，并准确预判进行第五步的必要性。

我们现在不少医院不是这样分层（鉴别）诊断心血管疾病，而是把所有的检查（如心电图、冠状动脉造影）同时开具，也就“制造”出众多在手术室外排队等候检查和治疗的患者。由此衍生出的问题是，有没有不需要接受介入 /CT 检查和治疗的患者接受了相关检查和治疗？

我前文提到，无论原本是否患冠心病，只要装了支架，也就成了冠心病。*Archives of Internal Medicine* 曾经提到一个不恰当冠状动脉 CT 致左主干撕裂的病例：一名 48 岁的美国女性因为胸痛去看病，先做了 CT 检查，发现心脏冠状动脉有些似是而非的病变，又做造影，还做了心脏搭桥手术。搭桥后，桥血管出现血栓，患者出现休克，最终只能做心脏移植手术。其实，这名女性只是得了焦虑症。

2.“不知大家有没有想过一个非常浅显、明确的道理：为什么不到上游去植树造林、筑堤修坝，像大禹治水，运用疏导的方法去预防河流的泛滥？应该把研究和工作放在上游预防上，而不是把所有的精力放在做支架、搭桥、治疗心力衰竭上……不能只有‘落水者’才能唤起医生的关注。”——《胡大一医生浅谈心脏健康》

胡大一教授讲：“医生一定要走出狭隘的‘等人得病’的概念，走向‘大健康’的概念，强调参与‘治疗、预防和康复’，打破‘坐堂医生’的陈旧观念和传统。”

我对这段话有自己的理解。

冠心病及其危险因素的发病人群在扩大，冠心病的发病年龄在提前；物质生活的丰富和人生压力的增加是最基本的两个原因；科学，特别是科学的生活方式，是战胜所有这一切的武器。我不仅给患者开具相应的处方，也劝还没患病的家人、朋友们零吸烟、规律锻炼和营养均衡膳食。

多年行医，我的经验是：预防，尤其是零级预防（在没有危险因素的时候防危险因素），比治疗更重要。得病的人比没病的人“听劝”，年长的患者比年轻的患者“听劝”。就拿戒烟为例，不少人在没有发病前发誓为吸烟“赴汤蹈火”，一旦得了肺炎甚至肺癌，非常自觉、主动地不再吸烟了。这也是医生的无奈，《扁鹊见蔡桓公》做了精准的叙述，我们当然不能“旋走”，而是要做好每一个阶段的临床工作。因而，“预防比治疗更重要”需区分开公众和医生。

对于公众，不生病，尤其是不发展为致残、致死率高的心血管疾病，是最好的。故而，零级预防和一级预防也是就医观念的更新，即人们运用医学科学主动维护自身健康。

对于医生，大预防的临床观念，即患者无论以何种健康状况就医都是不同阶段的预防，是对现行行医观念的巨大颠覆。医生干预的是患者的健康/疾病全过程，包括维系健康、阻止或延缓发病、阻断疾病进行性发展（如恶化、复发）与逆转带病状态；区别于单纯干预某一疾病状态。

“预防医学”是“临床医学”的分支，是在根目录之下的子目录；预防医学解决的就是临床问题。

还是先从胡教授在讲座中分享的病例入手吧。

（1）零级预防

一个月经正常，无高血压、糖尿病、血脂异常等危险因素，无冠心病家族史，经常胸闷、心悸，有时夜间憋醒的中青年女性，为冠心病很低危人群，其发生的ST-T改变多为假阳性。

医生综合考虑患者得病的生物因素、心理因素和社会因素。在问诊过程中，他会发现患者没有冠心病家族史，也没有其他危险因素，得冠心病的概率非常小，症状很可能是由于焦虑、惊恐或神经症状引起的，并进而明确诊断、标本兼治。在这个过程中，详细询问患者病史、物理诊断（望触叩听）和基础检查（比如做心电图、拍X线胸片）足以用来除外冠心病，患者可以免掉有创伤、成本高的检查，治好了病还感到内心很温暖，实现了医患和谐。

前文我们提到过美国的一个极端病例。现在我国接受支架治疗的三四十岁的女性患者不在少数，这是很不正常的医疗现象。

（2）一级预防

一位中年男性因为近期血压升高就诊。患者以往也有类似情况：一段时间血压上升，过些时候血压又正常了。多方诊治，没有找到原因。

经问诊发现，患者每次血压升高期间，他的工作量都有大幅度增加。同时发现患者平时缺少运动，脂肪和盐摄入过多。

讨论 1

接诊医生可能只干预患者升高的血压，甚至诊断其为原发性高血压，为其积极施治。在此过程中，医生是尽职尽责的，患者却多方诊治而无果。

胡大一教授的干预方案

（a）根据患者病情，处方降压药物，解决现阶段血压升高问题

（b）明确患者血压升高和工作压力的相关性，进行心理疏导

（c）指导患者采取健康的生活方式，从源头控制高血压

讨论 2

同样是尽职尽责的医生，不同的是医疗卫生服务质与量的差异。患者的血压呈反复阶段性升高，并非“坐实”的高血压。医疗干预方案有时能够决定病情的进行性方向，是帮助患者回归零级预防，还是使其真正进入一级预防。

（3）二级预防和防治心力衰竭

对于已经获救的心肌梗死或卒中的存活者，他们是再发心血管事件的极高危人群，最重要的是二级预防（防复发）。零级预防是没危险因素时去防

危险因素，一级预防是防发病（即防冠心病和卒中），那么二级预防就是患者已经发病（冠心病或卒中）后防止“二进宫”。比如，心肌梗死后的规范化治疗就是为了减少心肌重构（心力衰竭）的发生。

患者从下手术台伊始（住院期间）随即进入冠心病二级预防；每一位手术后患者都会定期复诊，我对我的患者一定会做合理的循证用药，为其提出运动和膳食的合理化建议，劝吸烟的患者戒烟，为患者就其对健康的疑问答疑解惑以缓解不良情绪。我术后的患者再回到我处随诊，治疗的连续性和连贯性得以保障，治疗的依从性和效果更好维持。至于“心脏康复中心”的那块牌子，相较于实实在在的临床工作，不太重要；而设备齐全的心脏康复治疗室，提供给有需要（比如自己不敢运动）的患者，不需要的患者大可在院外坚持“五个处方”。

在文章的最后，我要感谢郭炳章主任对我的循循善诱，并在我成才后，仍然对我的工作大力支持；感谢胡锡衷教授，老人家在我自我介绍后，二话没说就帮助我修改论文；感谢柯文沅主任，他教会我报课题、报成果，由此我才能顺利晋升副高和正高职称。

从临床实践到临床思路

高文根 / 北京航天总医院（2017/04/20）

我今年 51 岁，22 岁大学毕业从医至今做了 29 年医生；我 1992 年接触心血管外科，至今已有 25 年。胡大一老师说，医生要勤于笔耕，把自己实践中发现的特殊病例和典型病例随手记下来，总结出来。我身体力行，整理的临床笔记有 20 余本。

我自认为是名成功的心脏外科医生，用三句话归纳我对心脏外科的理解。

心脏外科的三大法宝：

扎实的专业理论知识，精湛的手术操作技术，丰富的术后监护经验。

心脏外科涉及的病种：

先天性心脏病外科、瓣膜疾病外科、冠状动脉搭桥手术和大血管外科。

心脏外科的构成和权重：

心脏外科分为五部分，麻醉占 1/5，体外循环占 1/5，手术操作占 1/5，监护占 2/5。

一、我是心外科医生

1. 实践出真知

我的自信源于在沈阳军区总医院的 8 年时间，汪曾炜教授和张仁福教授是我的启蒙老师，两位教授是严格的。记得那个时候，我每天早上 7:30 上班，晚上 22:30 以后下班，没有周六周日，没有节假日，年三十我们还要做 5 台心脏外科手术。天天术前讨论，教会我面对每一台手术的严谨；天天被提问，一直被问到答不上来为止，帮助我在无数个深夜带着问题有的放矢地翻书。

就这样 8 年过去了，我的成长融入了时间。尽管生活枯燥乏味，也很辛苦；但当我主刀室间隔修补术，7:30 接患者，9:37 回到监护室病床时，当我主刀两台法洛四联症手术在上午 12:30 全部结束战斗时，我知道了汪曾炜教授和张仁福教授严格教育的意义；我也知道了，在不知不觉间自己不断扎实着临床基本功，从基本理论到鉴别诊断，从手术基本操作到快速熟练操作，从术后常规监护治疗到重症并发症（包括心肺复苏）的救治。

2. 医（学）生的培养

（1）胡大一老师说：医学是实践科学，医生一定要在患者的病床旁，在为人民服务当中，观察患者病情的变化、用药后的反应……才能不断提高。医学不像数学，陈景润解开哥德巴赫猜想，更多的工作可能是在屋子里面遐想。如果做医生不在患者病床旁，很难发现问题、解决问题；只有在患者的病床旁度过足够多的不眠之夜，才能成长为一名成熟的临床医生。

胡老师是心内科医生，我们的工作内容有差别，但道理是一样的。我自己的 8 年时间也是扑在了术前讨论、手术台和术后监护上，并随时恶补老师们提出的我不知道的临床现象。我有今天的自信是因为我从未脱离临床。

（2）反观现在的很多医（学）生，直读，脱离临床实践，或者为了改变现状（例如解决户口或获得进入大医院的机会）而考研考博，不安心临床工作，都导致了没有临床意识，确实不能指望他们一走出校门立即“脱胎换骨”。因而，人们感慨现在的医生学历越来越高，却离临床越来越远，说白了就是不会看病。大家把这个怪现象归因于我国的医生培养体制，甚至认为医生不需要太高的学历和太高的职称。

（3）说实话，我不完全同意出了问题就向体制、制度、政策等兴师问罪，应该先找自身原因。我尝试着探讨“医生不会看病”的话题。

（a）我在沈阳军区总医院的8年，常听我们主任说：“训练训练，先训后练”，主任也真是日复一日地“训”，然后指导我们日复一日地“练”。由于两位主任的严格，我那个时候既担惊受怕，又心烦意乱。然而正是因为两位主任认真、务实地教学，且给了我足够的学习压力与动力，才促成了我的不断进步，也使我更容易理解医生在医疗实践中，要怀有对职业的敬畏、对患者的尊重，即“如临深渊、如履薄冰”。

倘若我当时遇到的上级医师自顾自地垄断技术，不训导年轻医生，不给年轻医生实践机会，只是利用年轻医生做课题、写文章……那么现在的我恐怕是个拿不起手术刀的心脏外科大夫。

（b）医学生毕业必须完成课题和论文，发表一些额外的文章，而且发表规格也有要求，比如SCI，这些都是事实。而医学生的课题是源自临床，还是为了做课题才接触临床，性质是完全不同的。

有一次，我和一位即将毕业的心内科博士聊天。他去厂矿收集工人的各项与心血管疾病相关的健康指标，他认为自己的课题与临床毫无关系。

有工人向他询问：“我血脂不高，为什么会得冠心病？”他却不会回答。

这是个多么经典的关于心血管疾病多重危险因素学说的问题！胡大一老师就此做了多年的医生继续教育和科普知识宣传。

（c）医学生初入校门或者年轻医生初入临床，临床经验不足，没有临床意识，可以理解。在不断的临床经历中生成临床意识，才是需要重视的。

我的一位朋友听完我重述之前的那次聊天后，说道："怎么会和临床无关呢？这是多好的流行病学调查机会！更何况，如果心血管疾病相关的健康指标与临床无关，什么才与临床有关？"说到底就是没有临床意识，如果有临床意识，处处皆与临床有关，例如运动与血脂的关系。

通常的血脂化验指标包括低密度脂蛋白胆固醇、高密度脂蛋白胆固醇、总胆固醇和甘油三酯。我规律锻炼十几年（以 10000 米长跑为主，配合力量和柔韧性练习），高密度脂蛋白胆固醇高，低密度脂蛋白胆固醇也高，总胆固醇自然高于正常值，甘油三酯高。我的饮食结构和量正常，尤其主食的摄入量偏少。我也很困惑。当然，个例不能说明问题。

于是我和研究生设计了有氧代谢运动的零级预防模型，就以这些年轻人作为入选人群。（i）现在心脏康复和运动处方很热门，研究生感兴趣。倘若他们自己完全不懂运动，如何指导别人，尤其是患病人群。要知道，运动要领和技术动作对于运动安全也很重要。（ii）心脏康复人群接受强化降脂，他们的低密度脂蛋白胆固醇达标的主要贡献来源于药物，毋庸置疑。药物降甘油三酯也有效。运动在其中扮演什么角色？零级预防人群没有接受药物处方，可以从中得到一些提示。（iii）医生在看指标时，往往忽略高密度脂蛋白胆固醇，认为其没有有效药物。然而，五个处方（循证用药、戒烟、营养均衡膳食、科学运动和双心处方），除药物处方外的其余四个处方统统对升高高密度脂蛋白胆固醇有帮助，这也是我们希望通过运动模型观察的。

我从规律锻炼中的最大获益是静息心率在 50 次 / 分左右，从而使我在应对突发事件时更加游刃有余。而且，心率在冠心病的防治中非常重要。

此外我还发现，同为规律锻炼，女性的体重变动受工作量 / 压力和情绪的影响大，而男性的体重变动受饮食的影响大。当然，这些都是观察到的情况，希望有机会做相关研究。

（d）内因与外因中，内因起决定性作用，人们大脑中的自我成像才是关键。医（学）生游离于临床思维之外做课题、写文章，当然离临床越来越远了，其实压根就没沾到临床的边。

（e）至于更远的，我就不谈了，只谈和我自己成长经历有关的内容。说到高学历和高职称，我自己是博士后，副高级职称。我的经验是学习的时间长、学历高和职称高固然好，更重要的是在哪里（是否临床）、怎么学（学习方法）和学到了什么（提升临床基本功）。

我的人生轨迹如下：本科—基层锻炼—医生—硕士—医生—博士—医生—博士后—医生。从实践中来，到实践中去，学习源自实践、服务于实践，在实践中继续学习，实践伴随学习不断精进，形成良性循环。

我之前提到的那位医学博士（好像也有临床经历），遇到医学专业问题，不问导师，不问上级医师，不看教材，从搜索引擎中找答案。这起码不是适合的学习方法，很难得到科学的解答。

二、我是心内科医生的研究生

2005 年，我做了胡大一老师的博士后。有些奇怪，心外科医生的博士后导师是心内科医生。那么，先来看看我两位师兄的回忆。

张建军（心内科）：

在金大鹏院长的邀请下，胡老师于 1993 年调入朝阳医院，组建了国内第一个由心内科、心外科、导管室、心电图及超声检查为一体的心脏中心，目的是根据实际情况，心脏内外科共同研究制订最符合患者的治疗方案。

心脏中心的组织结构是科学的，使冠心病的药物、介入和外科治疗的有机结合成为可能；最大限度地减少了医务人员各自为政、争抢患者局面的发生；本着“关爱生命，以人为本”的信念，心内外科医师共同讨论、权衡利弊，一起选择最优方案。

为了“心脏中心”的建设名副其实和健康发展，胡大一老师作为心内科医师，不遗余力培养心外科人才，将肖锋、张勇、苏培雄等心外科大夫送到国外培训，同时定期邀请国内外优秀教授来院演示。

在积极推动技术普及的同时，胡大一老师不忘告诫大家：一切要从患者利益和疾病出发，不准为了追求国内排名、介入治疗的例数或小部门的经济利益不加考虑地选择冠脉内介入治疗或外科手术；反复强调心内外科合作，共同制订对已经确诊患者的相对最安全、有效和经济的治疗方案；规避过度医疗和医疗资源不足共存的怪圈。（摘自《我们走在大路上》）

汤楚中（心外科）：

1997 年年底我提出了转业申请，过完春节就来到北京朝阳医院心脏中心上班。果不其然，这里的工作模式是全新的，心脏中心四个病房，一层是心律失常病房，九层是冠心病监护病房（CCU），十层和十一层是冠心病和其他疾病的病房。外科主任是肖锋大夫，还有 5 位下级医师，没有固定病房，手术前后的患者管理都是心脏内科医师负责。每天有 1 或 2 台冠状动脉旁路移植手术，手术过程也远没有我在总医院心脏外科所见的耗时和复杂。

如果我没记错的话，2002 年胡大一老师的言谈中已经出现了“三个回归”这个新名词，强调医师应该回归人文、回归临床、回归基本功。记得有一次在北京同仁医院心脏中心内外科一起讨论某个病例的时候，大家倍感为难。内科医师说病变太弥漫，你们外科做搭桥吧；外科医师说患者年龄大，多脏器功能受损，还是你们介入吧。最后胡老师总结，他说大家的意见都有道理，缺点是都把注意力集中在技术上了，为什么就不能想想技术以外的东西呢?

药物治疗怎么样，大家考虑了吗？技术有时是可以挽救生命、延长寿命，但邵耕、许玉韵教授那个年代没有技术也不是束手无策。

当时的情况确实如此，我国心血管内外科经过几年的跃进式发展，进入二十一世纪后技术能手如雨后春笋，可是老一代强调的临床基本功在不少心脏内外科医师身上却见不到了。心脏内科医师不再听心脏杂音和心律了，不愿意接诊心力衰竭的患者了；心脏外科医师也是一招鲜，只要会搭桥（旁路移植）就走遍天下。医生只要见了患者，就动员做支架、装起搏器、做搭桥、做换瓣，而不是反过来思考能不能不做这些。我那时也免不了“随大流”，跟胡老师交流时受批评是可想而知的。他多次告诫我，掌握一招鲜的技术可以生存，甚至也可以挣点小钱，但是只掌握技术绝对当不好综合医院心脏外科的学科带头人，更成不了医学家。

三个回归的思想对我内心是一个巨大的触动，过去几年为了突破冠状动脉旁路移植手术这一技术，我们不再重视先心、瓣膜等心脏外科基本疾病的知识，基本功忘光了，综合能力丢光了。这样下去，我们带出来的下一代外科医师就成心表外科医师了。

然而，在综合医院做综合学科并不容易，病源是个大问题，以心脏瓣膜病为例，普遍的印象是北方发病率远低于南方。再加上北京两所大型心血管专科医院的存在，使综合医院面临着更大的难题。可是胡大一老师却没把这些客观因素当困难，他认为回归临床就是要解决临床问题，能解决临床问题就会有需求，北方风湿性心脏瓣膜病可能少于南方，但老年瓣膜病将是个亮点；另外，瓣膜病多数有房颤，国际上已有术中同期房颤消融的报道，比单纯瓣膜置换生存率要高。正是按照这样的思路，我们在国内较早开展术中房颤消融手术，广受患者欢迎，并吸引了许多的心脏瓣膜病患者。（摘自《我们走在大路上》）

三、 以“搭桥与冠心病心绞痛的治疗”为例，看我对胡大一老师临床思路的理解

听说《胡大一医生浅谈心脏健康》荣获了两个重要奖项，我在祝贺了老师之后，仔细研读了这本书。我想引用其中“冠心病心绞痛的治疗”章节，进一步说明我对胡老师临床思路的理解。

胡大一老师一直在呼吁医疗卫生行业要论质，不能单一地以量取胜，医生要关心“为患者的健康带来了什么，而非自己做了什么”。

说起心外科与冠心病的关联，人们一定想到冠状动脉旁路移植术，英文缩写是 CABG，俗称搭桥。《指南》中明确规定了 CABG 的基本适应证：左主干狭窄 >50% 伴 syntax 评分≥ 23，前降支近段狭窄 >50%，二支或三支冠状动脉狭窄 >50% 伴 LVEF<40%，单支罪犯血管狭窄 >50%，伴明确记录的心肌缺血证据或 FFR<0.8，且 syntax 评分≥ 23。

需要强调，搭桥时，桥血管首选内乳动脉，其次桡动脉，最后大隐静脉。

通过老师书中的这段文字，大家来看搭桥在整个冠心病综合治疗体系中的位置。

冠心病心绞痛的治疗

1. ABC 治疗

“ABC 治疗”是针对冠心病各种临床表现的共性防治原则。

（1）抗血小板聚集，A 代表阿司匹林（ASPRIN）。

（2）降低心肌耗氧量，B 代表 β 受体阻滞剂。

（3）降低血浆胆固醇，C 代表胆固醇（CHOLESTEROL）。

在此基础上，根据每位患者的具体情况，制订科学、合理的个体化治疗方案。

2. 缓解心绞痛的药物

心绞痛是心肌缺血的表现，因此能够预防和治疗心绞痛的药物都有降低心肌耗氧量和改善冠状动脉血流的作用。

目前常用的药物有三类：硝酸酯类、钙通道阻滞剂和 β 肾上腺素能受体阻滞剂。

提示：硝酸酯类、钙通道阻滞剂和 β 肾上腺素能受体阻滞剂必须由医生严格把握其适应证和禁忌证。

3. 硝酸酯类药物

硝酸酯类药物可预防和治疗各种类型的心绞痛，疗效可靠，常用药物有硝酸甘油和消心痛。

提示：青光眼和低血压患者不能使用硝酸酯类药物。

正确使用硝酸甘油的 14 点注意：

硝酸甘油通过扩张血管，减少心肌耗氧量，促进血流分布到缺血区，是速效、短效的抗心绞痛药物，可以快速起效缓解心绞痛（发作）。

（1）患者应随身携带硝酸甘油。

（2）硝酸甘油要在察觉到胸痛发作先兆时立即使用，不要等到胸痛发作（几分钟）后再用。

（3）将硝酸甘油片放在舌下，待其溶化。质量合格的硝酸甘油片在 20 ~ 30 秒内溶化。

（4）咀嚼硝酸甘油片也有好的效果，但不能咽下。硝酸甘油从口腔黏膜直接吸收入血，在胃内将失去作用。

（5）硝酸甘油生效迅速，胸痛应在服用后 1 ~ 2 分钟内缓解。含服 1 片硝酸甘油 5 分钟内胸痛不缓解者应服第 2 片，仍持续胸痛者可服第 3 片，并呼叫急救中心转运到正规医院（胸痛中心）明确胸痛原因。

（6）一天内数次发作心绞痛的患者应服长效的硝酸甘油。

（7）含服硝酸甘油时，患者应坐起或站起；若服药后感到头晕乏力、出虚汗，应立即平卧。

（8）服用硝酸甘油后胸痛很快缓解的患者须适当减轻活动的强度和速度，不需要停止活动。

（9）患者注意发现和总结哪些强度的活动（运动）或者情绪波动会诱发自己发作心绞痛，应在这些活动前服用硝酸甘油预防心绞痛发作。

（10）长期使用硝酸酯类药物可以产生耐药性，此时医生根据需要增加药量或间断给药，但不宜突然停药或者减量。长期使用硝酸甘油等硝酸酯类药物的患者，一旦突然停药，可产生症状复发，临床称为“反跳现象”，使原有病情加重，常表现为心绞痛、急性心肌梗死或者猝死。

（11）多主张间歇使用硝酸甘油及其盐类，即 24 小时内最好有 6 ~ 8 小时无硝酸甘油，目的是利用停用的几小时时间恢复血管的反应性。

（12）使用硝酸甘油可能引起一些不良反应，其中头痛比较常见，这些副作用可在几分钟或 10 分钟后消失。

（13）硝酸甘油片剂应放在原装的药瓶中，将瓶盖拧紧，避光保存。硝酸甘油在太阳光照射后可以分解失效。

（14）注意药物的有效期。硝酸甘油一般 3 个月即可失效，应及时更换，否则心绞痛发作时不起作用，将会误事。判断硝酸甘油是否有效的最简单方法是让健康人舌下含 1 片，若很快出现头胀、头痛和颜面发热，表明有效。有些硝酸甘油喷雾剂在原装瓶中保存时间较长，如 1 ~ 2 年。

4. β 受体阻滞剂

β 受体阻滞剂可通过降低心肌耗氧量预防和治疗心绞痛，是常用的治疗冠心病和高血压药物，主要通过阻断体内 β1 肾上腺素能受体发挥治疗作用，常用药物有美托洛尔、比索洛尔、卡维地洛等。

（1）β 受体阻滞剂对冠心病有多种作用

（a）减弱心肌收缩力，减低心肌耗氧量，减轻心肌缺血，缓解心绞痛

（b）减少心肌梗死面积的扩大

（c）降低心率，减少快速心律失常，减少猝死

（d）保护心脏，减少冠心病急性事件的发作

（2）β 受体阻滞剂的禁忌证

（a）Ⅱ度Ⅲ度房室传导阻滞

（b）心动过缓，心室率≤ 50 次 / 分

（c）低血压

（d）严重心力衰竭或心力衰竭的急性发作期

（e）哮喘

5. 钙通道阻滞剂

（1）钙通道阻滞剂主要用于冠状动脉痉挛引起的自发性心绞痛。

人体内血管和心肌的收缩都需要钙离子。钙通道阻滞剂是阻止钙离子通过细胞膜上的“慢通道”流到血管平滑肌和心肌细胞，抑制血管收缩，扩张周围血管和冠状动脉，一定程度上减弱心肌收缩力，缓解冠状动脉痉挛所致的心绞痛，对于运动诱发的冠状动脉收缩也有作用。

（2）钙通道阻滞剂具有较好的降血压作用，常用于伴有高血压的心绞痛患者。

（3）治疗急性心肌梗死不能用短效二氢吡啶类钙通道阻滞剂（如硝苯地平）。这类药物扩张周围血管的能力很强，常引起反射性心动过速，可使心肌梗死面积扩大，增加死亡率。

6. 预防心绞痛发作

（1）预防心绞痛发作的根本措施是控制心血管病的危险因素，治疗已经存在的冠状动脉病变，阻止冠状动脉病变的继续发展。患者也可以根据医生处方进行长期药物预防，根据心绞痛类型选用抗心绞痛药物。一般来说，阿司匹林和消心痛适用于所有类型的心绞痛，对于劳力型心绞痛可加 β 受体阻滞剂，对于自发型心绞痛可加钙通道阻滞剂。

（2）在治疗冠状动脉病变的基础上，采用以下措施可以减少心绞痛的发作。

（a）避免过度的体力活动，如运动量过大、运动速度过快、过度用力等。

（b）避免过度兴奋、愤怒、焦虑、紧张等。

（c）临时药物预防：对于不可避免的过度体力或脑力活动，可在活动前预防用药，根据活动时间，选用有效时间相同的药物。

（ⅰ）舌下含硝酸甘油，1 ~ 3 分钟起效，药效持续 10 ~ 30 分钟。

（ⅱ）舌下含消心痛，5 分钟起效，药效持续 10 ~ 60 分钟。

（ⅲ）口服消心痛，20 分钟起效，药效持续 4 小时。

7. 心绞痛发作时如何处理？

（1）冠心病患者根据医生处方随身携带硝酸甘油等急救药物。

（2）心绞痛发作时，立即休息，停止任何活动。

（3）当胸痛持续时间很长，含服硝酸甘油不能缓解时，应立即到医院（胸痛中心）就诊。

（4）当心绞痛发作缓解后又在短时间内复发时，含服短效硝酸甘油后，应加服一片长效硝酸甘油。

（5）心绞痛反复发作时，患者精神一般比较紧张，可同时服一片安定以稳定情绪，并通过减少心肌耗氧量来帮助减少心绞痛的发作。

8. 治疗心绞痛时，须区别对待稳定性心绞痛和不稳定性心绞痛

不稳定斑块破裂致残、致死在医学上称为意外事件，斑块的“稳与不稳”决定了事件的性质和发展。

过去人们错误地认为心肌梗死是由血管狭窄的程度决定的。其实，心肌梗死不取决于冠状动脉狭窄的程度，而是取决于动脉粥样硬化斑块的性质。稳定性心绞痛的患者尽管大多数冠状动脉严重狭窄（≥ 70% 的管腔塞住了，只有≤ 30% 的空隙），然而血管中附着的是稳定斑块，其中脂肪少，斑块外层覆盖的纤维帽子厚，就像厚皮小馅的饺子，煮的时候不容易破。不稳定斑块虽然导致血管狭窄的程度轻，在多数情况下，管腔仅堵塞 20% ~ 50%，但作为导致突发心肌梗死或不稳定性心绞痛的元凶却很危险。不稳定斑块内脂肪含量高，并且含有大量活跃的炎性细胞，纤维帽子薄，像薄皮大馅的饺子，特别容易破；不稳定斑块的破裂激活血小板，形成血栓；斑块和血栓会急性加重冠状动脉腔的狭窄，甚至使其完全闭塞。所以，动脉粥样硬化斑块是否稳定是心肌梗死发病的决定因素。

稳定性和不稳定性心绞痛处理原则不同。

（1）稳定性心绞痛主要是通过药物，减少心肌耗氧（β 受体阻滞剂），扩张冠状动脉血管（静脉或口服硝酸酯、钙通道阻滞剂）和改善心肌代谢（曲美他嗪），降低窦性心率（伊伐布雷定），同时抗血小板治疗（阿司匹林和他汀）。如果经过规范的药物治疗，心绞痛仍难以控制，可考虑介入治疗或搭桥手术。

提示：介入治疗不能降低大多数稳定性心绞痛患者的死亡率，对改善症状可能优于单纯药物治疗。美国和英国的资料显示：稳定的冠心病患者所放的支架，12% 完全不需要; 38% 疗效不明确，用药就够了; 只有一半做得合理，给患者带来了利益和价值。类似的相关研究也是我国医务工作者应该正视的。

（2）不稳定性心绞痛急性期在给予上述治疗的基础上，还需要抗凝，通常皮下注射低分子肝素或磺达肝癸钠直至出院。对于某些高危的不稳定性心绞痛患者（如胸痛时间长，合并糖尿病和肾功能不全，或者同时发生了心律失常或血流动力学不稳定的患者）需积极进行介入治疗。

9. 冠状动脉介入治疗

冠状动脉介入治疗主要用于急性心肌梗死和高危的不稳定性心绞痛患者。

10. 冠状动脉搭桥术（冠状动脉旁路移植术）

下列冠心病患者可能需要冠状动脉搭桥术：

（1）冠状动脉左主干病变

（2）三支血管病变（左冠状动脉前降支、左冠状动脉回旋支和右冠状动脉狭窄）

（3）两支血管病变中，有一支为左冠状动脉前降支近端

11. 冠心病的血压控制

由于血压水平与心、脑、肾并发症的发生率呈线性关系，因此必须采取有效的治疗使血压降至正常范围，即一般情况下血压都应降至 140/90mmHg（1mmHg=0.133kPa）以下，75 岁以上的高龄老人可降至 150/90mmHg 以下，合并糖尿病的患者血压应＜ 130/80mmHg，有慢性肾病、24 小时蛋白尿＞ 1g 者血压应＜ 125/75mmHg。

（1）高血压的危险因素包括超重 / 肥胖、高盐饮食、长期过量饮酒和长期过度精神紧张等。

（2）即使 80 岁以上的老年高血压患者，也可以从降压治疗中获益，只是需要更加严密地观察疗效（如血压下降应循序渐进）和监测血压。

（3）控制收缩压与控制舒张压同样重要，特别是对老年人。

12. 冠心病的血脂控制

（1）血脂异常诊断标准

1997 年，中华医学会心血管病学分会制定了血脂异常诊断标准；2007 年又对这一标准进行了更精确的定位。对于有高血压和没有高血压的人群、有冠心病没有糖尿病的人群和既有冠心病又有糖尿病的人群，血脂异常的标准是不一样的。

■ 降胆固醇，牢记“6、5、4、3”：

（a）没有高血压且危险因素小于 3 个，总胆固醇要不高于 240mg/dl（约 6mmol/L）；

（b）有高血压或者危险因素大于 3 个，总胆固醇要不高于 200mg/dl（约 5mmol/L）；

（c）有冠心病或者糖尿病之一者，总胆固醇要不高于 160mg/dl（约 4mmol/L）；

（d）冠心病合并糖尿病或者发生过心肌梗死的患者，总胆固醇要小于 120mg/dl（约 3mmol/L）。

■ 危险因素包括：

（a）男性 45 岁以上，女性 55 岁以上

（b）早发冠心病家族史（直系亲属中男性发病早于 55 岁，女性发病早于 65 岁）

（c）吸烟

（d）低密度脂蛋白胆固醇升高

（e）肥胖

（2）强化降脂

大量临床试验结果表明，冠心病高危人群不但要在早期应用降脂药物，更要强化降脂。

■ 强化降脂是指将高危患者的低密度脂蛋白胆固醇（LDL-C）水平降至

<100mg/dl，极高危患者 LDL-C 降至 <70mg/dl，高危或中等危险患者的 LDL-C 降低 30% ~ 40%。

（a）冠心病高危人群包括：（i）冠心病人群，首先是明确心肌梗死和进行过冠状动脉血运重建（支架 / 搭桥）的患者，其次是明确诊断有典型心绞痛发作的患者；（ii）冠心病等危症人群，首先是糖尿病患者以及虽没有发生心肌梗死但存在其他临床表现的动脉粥样硬化（如周围动脉疾病、主动脉瘤、有症状的颈动脉斑块、卒中），其次是存在多重心血管危险因素者（如吸烟、过量饮酒、血脂升高和 55 岁以上的男性）。

（b）冠心病极高危人群包括在确诊动脉粥样硬化性疾病的基础上具有下列情形者：（i）存在多个危险因素（如糖尿病、吸烟）；（ii）急性冠状动脉综合征。

13. 冠心病与糖尿病

这些年，很多概念出现了革命性和颠覆性的改变：糖尿病是心肌梗死的“等危症”，心血管疾病是代谢性血管病。在临床实践中，大量的冠心病患者存在不同程度的糖代谢异常。于是，糖尿病与心血管疾病防治的关系从疾病的管理模式上对临床医生提出了新的要求，应该告别“各管一段”的行医传统，以人为本是广大患者和公共健康的需求。

所有的冠心病患者均应该注意血糖的筛查和检测，尤其是注意餐后血糖的检测，标准方法是“口服糖耐量试验”。

冠心病患者的血糖控制需要个体化。假如患者得糖尿病很多年，对于血糖的控制不宜过严，以减少低血糖对心脏血管的不利影响；刚得糖尿病的患者，应该严格控制血糖。

四、以心脏内外科发展的不均衡为例，体会“蜀道之难，难于上青天”

胡老师的临床思路能实现吗？难！

“胡老师没有因为取得的成绩沾沾自喜，没有凭借心脏中心强大的实力故步自封，没有利用先进的理念、精英的团队和成熟的技术搞技术和患者垄断，而是再一次无所保留地把积累的经验向全国推广。然而令人遗憾的是，虽然心脏中心的组织形式深入人心且遍地开花，但是形成规模和良性循环的寥寥无几，原因可能在于急功近利的社会大环境导致院外比医院排名，院内比科室排名、创收和治疗例数，而心脏内、外科又不属于同一比较体系。”（摘自《我们走在大路上》）

前些年有数据表明，我国冠心病患者接受支架与搭桥的比例高达 11:1，不知这些年如何。大量应首选搭桥手术的左主干和多支病变患者却接受了多个支架的治疗。再来看小儿先天性心脏病的救治，从 2004 年起大家为之辛勤耕耘了 10 年的爱心工程，无果而终了。胡大一老师发起先天性心脏病救治爱心工程的契机是，因为技术发展突飞猛进，过去不可能的、疑难的事现在成为可能，原来需要开胸的手术变简单了，可以通过介入，不开刀就能做好。这就意味着，患者的痛苦和后患（比如疤痕）减少了，治疗费用降低了。

然而，小儿先心病救治的现状怎样呢？这些年虽然我失去了参加爱心工程的机会，但被各地邀请做手术，每年的小儿先心病手术量比那时还多。有些病例让我困惑，为什么接诊医院不安排介入治疗呢？我也曾经把适用介入治疗的先心病患儿转回心内科。（外科手术治疗先心病创伤比较大，介入治疗只适合于畸形比较简单的先心病，两者各有优点和局限性。）

尽管近年来心血管外科领域开始实施微创手术，如胸部小切口、胸腔镜辅助、机器人辅助、常温体外循环心脏不停跳下或非体外循环下手术、超声引导下经胸部封堵等许多新技术，取得了良好的效果。我本人也做了多次微创手术的实践。但是，微创手术仅在小范围开展，还不能完全代替传统手术，需要医务人员具体问题具体分析；有些微创手术的治疗费用偏高。

先心病介入治疗发展的重大阻碍是各项“指定”。由于各级政府部门的补贴，小儿先天性心脏病的救治出现了定点医院和指定的治疗方式，也因此造成了先心病治疗领域儿科医生和心脏科医生无序抢夺病源与外科手术比介入治疗便宜的价格倒挂。

我认为政府部门关注小儿先心病是好的，尤其是已经上升到了政策的高度。如果在具体政策的制定和实施上，能够充分考虑患者经济以外的获益和疾病规律，那么效果可能更好。

譬如，先天性心脏病的治疗中出现了一种奇怪的治疗方式，那就是开胸介入封堵技术（以房间隔缺损为多）。我不认为这项“技术”可以被纳入镶嵌治疗的范畴，也不认为其符合镶嵌治疗的初衷和规格。

所谓镶嵌治疗就是将外科手术与介入治疗结合起来治疗先心病的技术，它充分利用了外科手术显露好、可以确切矫正复杂畸形和介入治疗创伤小的优点，弥补两者存在的不足，提高手术成功率。外科手术和介入治疗可以同时进行，也可以先后分期，但更倾向于同期完成杂交手术。

对于缺损位置居中，边界清晰，直径在35mm以下的，完全可以内科介入封堵治疗；而对于边界太少，位置偏离及巨大的房间隔缺损，尤其是合并有三尖瓣重度关闭不全的房间隔缺损，必须在体外循环直视下进行外科修补术。

综上所述，无论是心内科“占上风”的冠脉介入，还是心外科“占上风”的先心病外科手术，都有悖于疾病本身的规律，有悖于胡大一老师的临床思路（最大限度地维护患者健康）。

怎么办呢？我坚决贯彻老师的临床思路，只要对得起我的患者，足矣。

五、小结

大家可能认为我东拼西凑了一篇命题作文《我的医生生涯和医生梦》。哪里有我自己的产出？文章的大部分都是引文。

我认真研读了老师的作品，汲取了有营养的部分，这是必经的学习过程和正确的学习方法。如果这样可以更清晰地表达我的理解，我想老师和师兄们不会介意我的引用，这毕竟只是我们师门内部关起门来的一次切磋。

六、我的继往开来

1. 我是成功的

2011 年至 2016 年，我去了河南洛阳的河科大一附院。我运用自己较扎实的基本理论知识、较精湛的手术操作技术、较丰富的术后监护经验，手把手教授技术，带团队。我是 2011 年 3 月份去的，到年底我们就做了 650 例心脏外科手术（我去之前，该院每年心脏外科手术在 70 例左右），第二年达到 800 例，接下来三年维持在 700 ～ 800 例 / 年，加上在外面几家医院帮扶，每年心脏外科手术超过 1200 例。心脏外科包括麻醉、手术室、体外循环、监护室、普通病房五大部门，共 65 名员工。我们开展了所有的心脏外科手术，包括婴幼儿复杂先天性心脏病手术、瓣膜置换术及瓣膜成形术、微波消融术外科治疗房颤；除了冠状动脉搭桥手术，大血管外科手术也列入了常规手术；还有微创心脏外科手术等；收治人群从 2 个月的婴儿到 87 岁的老年患者。

2. 我的困惑

刚刚我们提到，胡大一老师“多次告诫我，掌握一招鲜的技术可以生存，甚至也可以挣点小钱，但是只掌握技术绝对当不好综合医院心脏外科的学科带头人，更成不了医学家”。这恰恰是我逐步加深的困惑。

在我的手术技术日臻成熟、科室日益壮大的过程中，我似乎偏离“心内外科合作，共同制订对已经确诊患者的相对最安全、有效和经济的治疗方案；规避过度医疗和医疗资源不足共存的怪圈”的临床思路越来越远。我的心始终追逐着做学科、做医学家的梦想，而现实中我好像渐渐在沦为手术匠人。

由于梦想与现实之间的落差，本来应该引以为傲的成绩没能平复我内心的挣扎，因而五年合同到期的时候，我拒绝了医院的挽留。

3. 重新梳理的思绪

（1）“技术可以让人生存，可以让人挣钱，却不等同于心外学科，只掌握技术成不了医学家”

我的心脏外科前辈们告诉我：心脏外科医生，首先必须是一名合格的心脏内科医生，即我们需参与诊断和临床决策的全过程，且具备理解该全过程的基本理论、基本知识和基本技能。

另外，如何看待临床问题，将在很大程度左右临床效果和医学/医疗的社会效应，例如疾病的防控、医疗保险的合理使用、医疗资源的有序配置。

仍然以先心病的救治为例，先前我们讨论了尊重疾病规律、严格适应证、规范选择治疗方法。现在，让我们跳出治疗本身，谈谈对先心病的理解。以下有两种理解，你更倾向哪一种？

> 第一种理解：心脏科能治先心病，儿科也能治；心内科能治的先心病，心外科全能治。
>
> 第二种理解：先心病是先天性疾病，胎儿超声可发现甚至明确诊断；因此其在疾病防控中的最大优势是通过合理的行政路径即可获得每年先心病的发病率和患病率；至于患儿，可在胎儿期间即开始接受恰当的医疗干预（如判断孕妇是否继续妊娠、初步拟定胎儿出生后的医疗干预计划）。

我们确实无法改变先心病的发生，但可在第一时间干预先心病的发展，并根据每年先心病的实际患病人数和每位患儿的患病情况，做个体医疗干预方案和整体医疗干预规划。

同时，应该对所有接受救治的患者进行必要的随访和登记，用以评估和明确治疗效果，为学科发展（如《指南》的制定）做铺垫。

总之，先心病不像冠心病有漫长的发病过程，应该说在疾控方面更易有成效，但需要科学宏观的指导、管理、监督与微观的规范、自律的有机结合。

以上是我读胡大一老师《关于先天性心脏病医疗干预的最后一篇务虚计划》有感。在没有读这篇文章前，我只是致力于先心病的治疗（先心病的治疗占到心外科的最大工作份额），然而对先心病在我国的整体存在情况却如同雾里看花。比如，先心病在我国的发病率和患病率是上升还是下降，观点不一。然而，无论上升或下降，根据推算出的先心病患病率，我国现阶段的医疗干预能力不足以应对每年的新生患儿数，先心病的“存量”在不断加大。

经济效益，社会效益，还是学科的建设与发展？读过胡老师的文章我才明白，这些可能纠结于我们内心的选项是相向而行、和谐共生的，real life（现实生活）临床研究是基础，规范化诊治是基准，伴随社会效益的不断扩大，经济效益也在不断接近最大化。以患者为中心的医疗干预是核心。

（2）“过度医疗和医疗资源不足共存”

心内科医生讲：患者抵触搭桥。这是事实。除了可能存在的医疗信息混乱或误导外，是否也有我们自身的原因？有一次我在胡老师门诊遇到一位患者，是搭桥的适应证，但坚决不做搭桥，原因是他身边几个做过搭桥的朋友的桥血管都“出故障”了。

胡老师事后问我，搭桥时桥血管首选内乳动脉，其次桡动脉，最后才是大隐静脉，为什么那么多医生选用静脉做搭桥呢？

我低头回答，当下很多的医院纷纷成立心脏外科，硬件设施花钱就可以购买，但软件（人员配备）的成熟不是一朝一夕能够实现的，于是外请专家成了权宜之计。外请专家毕竟不能久留，完成手术就离开了，这么做是为了降低患者术后监护风险，提高术后成活率和出院率。

我上个周末在外地做了台心脏手术，刚刚还在接听当地医生关于患者监护的咨询电话。其实每每在外院做完手术，我随时准备接听相关的电话咨询，但心里还是不比本院患者术后来得踏实。

胡老师叹了口气说，这么做直接造成了三个恶果：牺牲了患者的长期预后；不利于医生的培养（一代人用于规避风险的擦边球可能成为后辈以为的“真知”并传承下去）；最终使医疗资源的优化和有序配置成为不可能。

外请一台手术，地接医院要支付给医生比其在本院高得多的费用。（我不懂成本核算，此处不讨论究竟是哪一方低估或是高估了手术价值。）高投入没能换回高回报（相对最优临床效果），反而回报可能（大）打折扣，这个投入产出比不划算。

4. 我的再出发

人们总是归罪于环境，但换个环境真的会好吗？不试试怎么知道。我带着这些思考，毅然离开了医院，加入了医生集团。更准确地说，我是该医生集团的创始人之一，也投入了资金置换了相应的股份。

为什么如此地义无反顾？

我加入医生集团，并非给自己找“经纪人”，以获得更多的“演出”机会；也不是为了在“走穴”后有个合法的转账账户。

我出资参与创建医生集团，那些资金可用于有前途的医疗卫生项目，例如尝试设立基地，开展多层次和多元化的医生培训，真正实现胡大一老师倡导的“留下不走的医疗队”。（单一的手术演示，可起到一定的作用，但远远不够。）

5. 我心归处

要知道，如果心外科医生成为游医，没有临床基地，便是无源之水。我读了《我们走在大路上》，看了师兄们对胡老师组建的第一个心脏中心的回忆，堪称经典；早年间日本的一部电视剧《医龙》，也在一定程度上启发了我。

于是，我找到了师兄李瑞杰，与他探讨在北京市第一中西医结合医院组建心外科。我没有一步到位地提出组建心脏中心，原因是想要由浅入深，我希望先从组建心外科核心团队入手，由体外循环师、麻醉师、护士、心内科医生和心外科医生组成，本着胡大一老师的“以患者健康作为医疗卫生服务核心”的精神，着手完成胡大一老师的教导——“从学科的角度，而非单纯手术的层面，建设和发展心脏外科”。

硬技术的软着陆

张立晶 / 北京中医药大学东直门医院（2017/08）

时间真是飞快，当我接到胡大一老师邀请，参加编写《我的医生生涯和医生梦》时，一回首已经从医 26 年了。实习阶段，我一直非常喜欢外科，我的动手能力很强，也受到了所有外科带教老师的一致好评。可惜当时我认为女性从事外科有种种局限性，在就业时就毫不犹豫地选择了所在医院最大的科室——内科。

还记得刚刚正式入职成为一名内科医生，我突然发现自己很适合这个工作，尤其是在对患者病情的整体评估以及跟患者和家属的沟通上。从开始独立处理患者时，我就有清晰的意识：人是一个整体，要综合考虑，不放过任何蛛丝马迹，尽量用一种病来解释所有的症状和体征，既不能把复杂的问题简单化，也不能把简单的问题复杂化。当然，如果没有充足的理论基础和丰富的临床实践，即信息存储量不足，再怎么“全盘考虑（信息处理）”也难得出满意的结果。

当医生是一定要吃苦的，要对细节偏执，要读大量的理论书籍，还要阅读各种病例分析，要记住自己所看过的每一个病例，从每一个病例中总结、积累经验和教训。从急诊室到重症监护室，再到心内科……我已经习惯了每天查房，24 小时接听电话，急诊随叫随到。前几天一位急性心肌梗死、心源性休克的患者，经过急诊 PCI 等一系列抢救治疗后，康复出院了。他撤除呼吸机后，第一句话就是感谢我们救了他一命，还说我的微笑让他安心，病又好了一半。每当这个时候，虽然辛苦，但我感到的只有幸福，这种成就感是别的任何职业都无法得到的，因此干了这么多年，我对每一名患者还是充满了激情，我从内心深处爱我的职业。

胡大一老师曾经谈到："药物和支架都是硬技术，这些往往不是影响患者预后的关键，正确、有效地应用这些'硬技术'才是根本。从急性心肌梗死的绿色通道到胸痛中心模式的建立都可以看到，同样的支架、药物、设备在不同的医疗体制和运转模式下，发挥的作用不同。医务工作者们不但要继续努力研发新药物、新器具、新术式等'硬技术'，同时要十分重视如何使这些硬技术软着陆的疾病干预模式和服务系统。认认真真做好科研工作，包括心血管疾病的临床研究、流行病学研究和相关的基础研究。"（摘自《路在脚下》）

现在很流行说"转化"，我们每天都可以将自己的经验和知识转化为他人的健康（促进），转化为危重患者的生命延续，这也是一个角度的硬技术的软着陆。

一、健康管理与私人医生

健康管理和私人医生都是当下的热词，如何将其着陆为现实操作，继而实现医疗的连续性与连贯性？我和胡大一老师沟通过我的想法和做法。

我设计了一份《患者健康信息跟踪表》，胡老师请李觉帮忙制作了数据库模板。这么做的原因是我已经收集了不少复诊患者纸质的病例资料，越积越多之后发现一是没地方存放，二是无从下手。

怎么会有这么多的病例资料？一些患者的治疗依从性很好，固定来我门诊定期复诊。

我记得我的患者，了解他们从来我处就医伊始的相关健康信息，为他们提供连续的医疗服务。患者的健康状况之于我是“看得见、摸得着”的，不仅是一本本字迹凌乱的病历本。

我的患者也信任我，他们规律复诊，我想原因之一是他们相信我了解其病情和相关健康状况，与其另找他人从头开始（包括艰难的医患交流），不如“轻车熟路”。

我感觉我已经形成了和患者之间的长期良性互动，医患双方都能感受到实实在在的温暖。我在患者的主动回归中感受到善意；患者也不会在一次性的慕名而来之后不知所措，并且通过良好的治疗依从性，产生更优的治疗效果，从而确立康复的信心，进一步促进健康的改善，构成良性循环。

回到引经据典，“健康管理即对个人或群体健康状况及影响健康的危险因素进行全面连续的检测、评估和干预，以促进人人健康为目标的新型医学服务过程。”

我们再来看通过患者的规律复诊能实现什么？胡大一老师曾经用坐标系表述“心脏五环”［时间轴——防危险因素（零级预防）、防事件（一级预防）、防后果（科学合理紧急救治）、防复发（康复与二级预防）和防治心力衰竭］与“五个处方”［干预轴——循证用药、戒烟、营养均衡膳食、科学运动和精神心理卫生］。几乎我的每一位患者都能在这个坐标系中找到相对应的位置。标注出患者每一次复诊时所在的坐标点，将每一个坐标点连接成线。如此，我认为就可以“对该患者的健康状况及影响健康的危险因素进行全面连续的检测、评估和干预”了，促进了该患者的健康，也确实经历了“服务过程”。

至于“人群”，“不积跬步，无以至千里”，个体医生力所能及的首先是接触到的患者群。

脚踏实地的健康管理从具体的医患开始。

二、医疗干预的全方位视野

如果说刚刚我们讨论了医疗的连续性，那么医疗的连贯性如何呢？

1. 案例

自打我学习中西医结合的课程开始，我的一位朋友就总是介绍一些“奇怪”的患者给我。

有一位是小腿疼痛、不能久站的患者，最终被诊断为骨科疾病。我朋友的理由是患者不知道应该去哪个科室就诊，与其让她有病乱投医，不如请一位信得过的医生初步诊断以指明接下来的就医路径，这样患者可以少走弯路，还能减少由于不明所以或四处求医可能造成的精神压力。

另一位是不定期咳嗽的小患者。孩子每年不定期咳嗽，与季节等因素相关，多处就医不能明确病因，只说是神经性的，每次处方药物后孩子每每再犯。由于每次抽血检查，孩子第一次来我门诊候诊时频繁询问家长：“抽血吗？”家长答：“不抽血。”由此，带孩子进诊室的过程顺畅，然而孩子一见到诊室医生的白衣，旋即向门口冲去，以致整个问诊过程孩子一直在哭。我按照中医的思路进行了问询和检查，并处方了中药方剂。考虑到孩子可能不愿吃中药（因为苦），所以我告诉家长可以在中药里加糖，先试试，如果孩子实在不吃，再来找我。一个月后孩子来复诊，家长反映发作的那种咳嗽已经没有了，而孩子走进诊室看到仍然身穿白衣的我也再没哭。我朋友这次的理由是，他以前在中医诊所工作，发现去那里就诊的患者所患疾病不致命、不凶险，却给其带来很大困扰，譬如皮肤红疹瘙痒，经数次西医诊治没什么太好的效果，转而看中医效果很好。

因而，这次西医找不到原因的小儿咳嗽，他希望我按照中医的思路诊治，看看效果。

还有一位是红斑狼疮的患者。我朋友说他读了《胡大一医生浅谈心脏健康》，书里讲红斑狼疮可成为几种继发性心脏疾病的病因，也可累及其他多个脏器。患者现在病情稳定，当然是以免疫科的治疗为主，但他希望我能够解决以下问题：(1) 患者可以接受中医的调养，看其是否可以更好地维持甚至改善健康状况；(2) 及时发现心脏指标的变化并干预；(3) 一旦发生严重心脏疾病，解决到底去哪个科室住院的困扰。他说《胡大一医生浅谈心脏健康》中提到了医学人文，他有以下两个问题：(1) 这么看待患者的疾病进展或健康维护是否使医疗干预的视野更加开阔？(2) 患者的免疫科医生是位极好的医生，并有信心将患者的寿命延长到60岁，如果从更全面的视野进行医疗干预，患者的寿命是否可能进一步延长，比如延长到70岁？

还有一次，这也是唯一一次我朋友没有要求患者来门诊，而是自己带了一摞检查报告请我给医疗意见，因为家属不敢告诉患者实情——医院通知诊断结果是肺癌，需立即手术。家属吓坏了，更怕吓坏患者。我看了检查报告，明确了肺癌的诊断，但疾病尚属早期（还没有扩散），而且是周围型肺癌（手术容易操作），及早手术的预后很好，并建议告知患者实情，以帮助其戒烟。后来再见面，他说：家属听了以上讲解的复述不那么紧张了，同样的诊断和治疗方案，不知道为什么之前的医生可以令家属那么慌乱？这也是一种医疗硬技术的软着陆吧？把医学专业知识转化为临床经验，提供有效合理的治疗方案，继而让患者及其家属理解，帮助患者更好地配合治疗、增强信心、避免或减少不必要的精神压力。患者顺利接受治疗后还回复他说，医生说得真准，看来你确实是内外（科）兼修。

2. 重新梳理的思路

我本来没太在意，既然患者来就医，为他们提供医疗帮助，进行健康干预，作为医生，义不容辞。然而，伴随相似事件的增加，我不得不感叹胡老师的医学人文观不是纸上谈兵。我们来看：

第一位患者对应了胡老师创建双心学科之初谈到的，患者经常是以症状就医，不能自我明确科室。（不仅是精神症状，可能类似心脏症状，辗转就医本身确实也导致了很多患者的精神心理障碍。）

第二位患者对应了胡老师近些年关注的中西医配合。他指出，西医和中医应各自立足于各自的学科根本，发挥各自的学科优势；为一个共同任务分工合作，协调一致地行动（配合）；而非无序地凝结在一起，发生密切联系（结合）。

第三位患者对应了胡老师一直担忧的疾病终末期患者的抢救问题。我读胡老师研究生期间，胡老师收治了一位经人介绍的非心脏病的危重患者。我开始认为是人情，后来胡老师讲，这位患者多脏器受损，很难有科室愿意收治，他先把患者收进重症监护室，这里的抢救设备没问题，再请各相关科室会诊，综合施治。不幸的是，患者没能走出医院，就走到了生命的尽头。但患者家属很感激我们，他说虽然明知结果不可逆，但总希望做生的努力，至少不能让亲人无助凄惨地离去，由于投医无门找到了我们，亲人在临走前得到了最好的照顾。

第四位患者对应了胡老师强调的医患交流。

三、真临床

《我的医生生涯和医生梦》，这篇命题作文，我是最后交稿的。几次提笔都不知道该从何处开始写，怎么写都可能无法完全表达这么多年当一名医生的感受。好在胡老师把每一位作者的文章都放在博客上以供参考，我学习了大家的作品，硬着头皮完成了这篇作文，也是我的临床实践和胡老师理论的对撞。

我读了任文林主任的作品，其中提到“医生要真临床”，我十分赞同。就以“心脏康复中心”为例，中心词到底是“心脏康复”，还是“中心”？

我的很多患者是从CCU出院后回来复诊的，经历了很好的心脏康复疗程；我们医院没有心脏康复中心。心脏康复五个处方的绝大部分不需要被限定在某一特定场所，很大一部分不可能被限定在某一特定场所，例如规范化药物处方，一定是医生处方（出院带药和随后的门诊开药）后，患者回到家中按医嘱（有效药物、有效剂量、有效时间）服用，定期复诊，跟踪药物疗效和及时做必要的调整。戒烟干预、营养处方、运动处方和精神心理卫生干预也都是在患者住院期间就已经开始了，之后随患者复诊跟踪随访以完善治疗效果。

心脏康复中心为心脏康复患者提供了固定的就医场所，是好的，且确实可满足一些特殊需求，例如心肺评估后的运动康复课程。

我们先跳出自己的领域，看看健身市场的营销分级。忽略不计选择静息生活方式的人群和各级专业运动从业人员，参加运动的人中，很多选择户外运动，其中绝大多数选择无花费运动；一部分人选择去健身房；选择健身房提供的更为昂贵的私人教练服务的人不占规律运动人群的多数；各种学艺班（如游泳班、舞蹈班）的目标市场更局限。（这些名词和分析是我从朋友处学来的，我有时候喜欢与医疗行业外的人交往，因为发现他们的逻辑思维可能环节更多，但单一环节的思维回路更短。）

有次同事向我诉委屈，讲有人向胡老师“告黑状”说我们不做心脏康复，因为没成立心脏康复中心。我认为这种想法太形而上学。心脏康复，还是心脏康复中心？这不是选择题。唯一的题干是“患者的健康促进需要怎样的医疗干预”。记得《胡大一心脏健康论坛：心脏康复论坛第一期》中，丁荣晶医生讲到北京大学人民医院院内心脏康复小组组织、集中不敢运动的心脏病人做运动康复训练。所以，重要的是医生发挥各自的聪明才智，根据客观环境（如医院的面积、院领导的态度），创造性地解决实际困难，为患者的健康保驾护航。一定要考虑清楚，在学完规定的课程之后，患者可以获得什么，如掌握运动方法、学会在安全的前提下运动、识别不良反应和应急处理。

有的时候也听到做心脏康复中心的人诉苦。他们知道心脏康复中心的立意非常好，但是前期投入势必造成院领导关注效益，特别是在公立医院其中的很多项目不能正常收费，而所有的成本又客观存在，工作人员的积极性也不高。有的心脏康复中心每年可以得到行政主管部门的一些科研经费，然而上级指定的课题似乎离临床有些距离。

我想表达的是欲使一个好的立意掷地有声，单靠医生的力量是有限的。我们需要做到且做好的是将医学和医疗的专业部分尽可能详尽，另外还需要其他方面的设计和对接（比如医院的行政领导层和政府行政职能部门的支持）。各个板块的设计在开始时不一定完善，对接不一定无缝，可能需要一个漫长的成长过程，只要我们敢于面对、承认和修缮不完美。局限于医生团体内部的一哄而起，将一个多元化、细致的结构搭建和内容细化简化为挂牌、器械购置和人员配套，效果往往不理想。

相较我们医院参与的政府统建的胸痛中心网络，由政府的行政职能部门牵头，建设 App 和数据平台，统一调配和监管医院与急救系统，行业协会负责审核医院的资质。具体到单个胸痛中心的建设，得益于跟随胡大一老师学习，我成竹在胸。

四、大医博爱，大爱无疆

说到胸痛中心，我想起一个插曲。在一次师生聚会上，有人为胡老师鸣不平，说胡老师为胸痛中心做了那么多工作：将胸痛中心的概念引入我国，并身体力行地实践，进而努力向全国推广。确实推广的效果不好，胡老师太欠缺社交能力，没有发动政府部门。反观现在，功劳全被人抢了，风头也被人占了。

胡老师却笑了。他说："抛开被审核的资质不说，单论专业，你们中的不少人可以胜任参加这个胸痛中心的网络建设吧？如果是这样，我就没白忙活。胸痛中心网络建设是一项大工程，哪有一步到位的，更不能一蹴而就。我做出了它的'单细胞'，在'单细胞'成行的过程中孕育了你们这些可用之才。要知道，这个网络的核心是单个的胸痛中心。只有每一个胸痛中心的专业过硬，能解决患者的健康问题，其他的配套设施才能发挥作用。说到急救系统，我经历了 999 的成立全过程。那个时候没有这么昌明的网络技术。"

胡老师总结："我叙述这些也不是摆功劳，只是想表达清楚自己做过的事，才能明确自己是否还有遗憾，活到我这把年纪，总会有回首往事的时候。至于功劳，甚至风头，医生职业是救死扶伤，医生执业也不该争名逐利。关键是胸痛中心的理念得到肯定，并试图搭建科学的组织架构，最终惠及民众，这才是最重要的。很多事情本就不是一代人可以完成的，为了人类健康，我们要踏实地做铺路石。把我们的工作转化为患者乃至全人群的健康促进，才是硬道理。"

又有人问："我知道一位大医生，技术'奇高'，坚守岗位，不像您这般四处奔走。您怎么看？"

胡老师说："每一位医生都不能面面俱到，但成功的医生一定是在基本功全面和扎实的前提下术业有专攻。当我遇到介入或搭桥适应证的患者，也会将其转给技术过硬的医生，并希望他们在岗，以及时制订下一步的治疗方案和进行治疗。另一方面，做好传承，很有必要。医生独善其身是不够的，倘若搞技术垄断，绝不可取。无论如何，每一位医生的执业过程都不尽相同，这是由各自的价值观、人生观和世界观决定的。我这一生做好了两个角色——医生和教师（开始带医学生，现在热衷科普教育）。我欠缺统筹规划的能力，却真心努力地传播有依据的医学和医疗知识、观念、理念，希冀可以造福人民，为我国的健康事业做些贡献。我这一路走来表达和传达的内容太多了，我确实没有能力完成所有，却也算做了力所能及的工作。”

“医疗卫生服务永远不是医生的单边行为，无论我们以何种方式做了什么医疗干预，目的和结果必须是转化为患者乃至全人群切切实实、不折不扣的健康促进，这个过程经常需要硬技术的软着陆。”胡老师最后说。

结束语：
三个回归

胡大一（2017/07）

一、前传

一次闲聊中，年轻医生们谈到了“To Cure Sometimes, To Relieve Often, To Comfort Always”。这是美国特鲁多医生的墓志铭。中文被翻译为：有时是治愈，常常是帮助，总是去安慰。（我对此翻译存保留意见，将在文中讨论。）

当下，这句话在我国非常流行。年轻医生征询我的意见。我没有立刻回答，而是反问他们的理解。有人说：“这句话通俗易懂、朗朗上口，与我们的实际工作很贴切；可惜这么清晰的事实，我们每天也都在经历，却没能上升为理论。”

我点点头：“确实，特鲁多医生对其执业生涯的总结概括，一语道出了医生职业的真谛。但是你们记不记得语文课上老师要学生提炼文章的中心思想？提炼文章的中心思想要在准确掌握文章内容的前提下，发现贯穿全文的核心或提纲挈领的道理，即文章通过各种细节阐明的中心议题。中心思想要求简单扼要，而一篇文章往往很长。倘若只按照字面意思理解这句话，就太欠缺了。你们刚刚给了我启发，大家也尝试着总结自己的临床工作，看看有什么收获。我推荐新浪博客‘一个大心脏’作为课外读物，里面记载了我和大家的一些从业经验和心得，可能对大家有所帮助。”

二、三个回归

没有踏实和扎实的实践，不可能完成真理的高度概括；一名医生，欲完成从执业过程向职业精神的升华，第一步需要做的是加深对本职工作的理解，而不是365天当成一天过（套用一句广告词），当你老了，回首往事，只能人云亦云地说：“我是医生，每天都在治病救人，有时是治愈，常常是帮助，总是去安慰。”

我想，从现在的立足点通向“彼岸”的桥梁就是“三个回归”：回归人文、回归临床、回归基本功。其实，“三个回归”是应该倒着看的。为了把逻辑叙述清楚，我认为病例讨论是最直观的手段。博客中记录了很多病例，我发现当随手记录的典型病例积累到一定程度时，原来是这么有成就感，也的确会对自身以往的工作产生新的认识，对今后的工作产生新的想法，同时为这一次的图书编写提供了方便。

（一）回归基本功

基本功是一切的基础，没有扎实的基本功，解决不好临床问题，医学人文将是空谈。

病例1（摘自新浪博客“一个大心脏”）

患者，男，73岁，发现心电图异常20余年，胸前导联广泛T波倒置，ST段下移，平素有间断胸闷症状，与体力活动无关，一直被诊断为冠心病，给予抗心肌缺血药物治疗，症状没有改善。老人多次因为同样原因就医，每次都被留院观察或住院，最终诊断为急性冠状动脉综合征，并告知家属“患者病危”。

病危通知之后，才行冠状动脉 CT、冠状动脉造影检查（并无必要），结果均为阴性，在虚惊一场之后，终于除外了冠心病。

但对心电图异常仍然没有结论，甚至就此在当地进行了全市病例大讨论。患者反复进行超声心动图检查，没有发现异常；最后经核素心肌显像检查后确诊为心尖部肥厚型心肌病。

■ 讨论

1. 医生“肚子里的杂货铺”备货不全面、不系统，品种单一。

1）心电图 ST-T 改变为见于多种疾病和临床情况的非特异性改变。不但要动态观察其与临床表现的时相关联，还应注意患者的流行病学背景。

冠心病低危人群，如无危险因素和家族史的中青年女性为冠心病很低危人群，其发生的 ST-T 改变多为假阳性。

除了心肌缺血外，心肌本身的病变（如肥厚型心肌病）、高血压心肌肥厚、主动脉瓣狭窄、糖尿病、代谢性疾病、电解质紊乱、β 受体功能亢进症、抗肿瘤药物的心肌损害等都可以导致心电图 ST-T 改变。

2）在心电图胸前导联 ST-T 广泛改变的相关疾病中，最常见的还有肥厚型心肌病。肥厚型心肌病是一种心肌细胞增生肥大导致左室结构和功能改变的显性遗传性疾病，心电图的典型表现是：广泛胸前导联 T 波深倒置。很多肥厚型心肌病患者经常会有一些非特异性的胸闷症状，几乎所有的肥厚型心肌病都表现为胸前导联广泛 ST-T 改变。尤其 ST-T 改变是持续存在，而不是间断发生的时候，更应该想到是心肌病变，而不是冠状动脉病变。

3）这位患者每次就诊都有心前区不适，可症状不典型，胸前导联每次均表现为胸前导联 V1-6 ST 下移 0.1-0.2MV，T 波深倒，但没有动态变化。依此心电图，心内科医生最先想到的疾病应是心肌肥厚而不是急性冠状动脉综合征。

2. 不仅“货品”单一，质量也不高。

我们都知道心肌缺血的证据之一是心电图 ST-T 改变。

1）若能在心绞痛发作时抓到（动态）心电图，可看到相应导联有 ST-T 改变，对于心绞痛诊断非常有价值。

2）胸痛症状和心电图 ST-T 动态改变（比较两份心电图）同时存在；胸痛缓解后，心电图 ST-T 改变也随之减轻或消失，才是心肌缺血的诊断标准（即心绞痛的心电图 ST-T 改变特征为一过性和可逆性）。

3）孤立一份 ST-T 改变的心电图或者胸痛症状都不能单独作为诊断“慢性冠状动脉供血不足”或“心肌缺血”的依据。

4）超声医生应注意看心尖部是否肥厚。

3. “配套产品”要整体打包，不能单个“上架”。

■ 后续

“一路走来”，患者忧虑，睡眠质量极差，情绪低落，觉得自己已经是一个废人了；后来又看了一些医学书，结论是“肥厚型心肌病最后多发展为心力衰竭，可能猝死”，于是更紧张了。此后，患者仍有间断胸闷症状发作，几年后患者被建议再次行冠状动脉造影，结果仍然为阴性。

双心医师经过仔细询问，发现患者对身体状况非常担忧，除胸闷症状外，还有睡眠障碍、食欲不振和轻生的念头。患者被诊断出合并焦虑、抑郁症状，胸闷是其焦虑和抑郁的一种躯体表现。通过在双心门诊的诊疗和一段时间的随访，患者胸闷症状明显减轻。

■ 讨论

精神心理卫生的干预，不能单摆浮搁，要融于基础疾病 / 症状的综合、整体干预（体系）。

区别于此病例的综合干预，无视明确的检查结果，而把注意力集中于患者由于疾病、不确诊等引发的不良情绪，然后就开始没有前因后果地专门治疗不良情绪，甚至要求患者停用基础疾病的治疗药物……这是不恰当的，即便患者确实获得了心理安慰，由于主要矛盾被搁置，伴随健康的恶化，这种安慰注定是暂时的。

（二）回归临床之于 To Cure Sometimes, To Relieve Often

我认为 To Cure Sometimes, To Relieve Often 均是临床问题。

1. 能治愈当然好。无论结果是否差强人意，医学科学从未终止其向着治愈疾病进取的脚步，因此才有了整个人类健康运动的战略大转折，从针对传染性疾病（结核、鼠疫、霍乱等）的第一次卫生革命转折到针对慢性非传染性疾病的第二次卫生革命，这个转折的重点是人类心脑血管疾病的防治，其共同的病理基础是动脉粥样硬化。这其实是医学科学进步的结果。

不可否认，在医学科学攻克疾病的过程中，新的疾病（种类）层出不穷，比如艾滋病相较于传统的不治之症“癌症”太年轻了。另一方面，科学的防治体系可在防控传染性疾病中发挥关键作用，例如我国 SARS 的成功控制。

2. 英文单词 relieve，有减轻、缓解的意思。所以，我认为 To Relieve Often 的意译应是“常常是改善（患者的症状或健康）”。在心脏病的防治中，这点是现实存在的。譬如心脏康复，对于已经获救的心肌梗死或卒中的存活者，他们是再发心血管事件的极高危人群，最重要的是二级预防（防复发）。零级预防是没危险因素时去防危险因素，一级预防是防发病（即防冠心病和卒中），那么二级预防就是患者已经发病（冠心病或卒中）后防止“二进宫”。1964 年，世界卫生组织（WHO）最早对心脏康复提出了明确的定义：“心脏康复是使心血管病患者获得最佳的体力、精神及社会状况的活动总和，从而使患者通过自己的努力在社会上重新恢复尽可能正常的位置和自主生活。”这一定义明确了通过控制危险因素延缓疾病进展和降低心血管事件发生率的同时，强调恢复体力以外的精神和社会活动能力。

我组织了《胡大一心脏健康论坛》，其中还讲到以下几点。

1）高血压患者药物治疗之后，血压会正常；但血压正常之后不等于痊愈。很多患者说，不能吃降压药物，因为一旦吃上降压药物就不能停用了。患者担心的是药物的副作用，却不知道高血压对于血管的损害更严重；而坚持用药是帮助患者降低血压对于血管壁和全身器官影响的非常好的办法。这也是一种康复。

2）心肌梗死后心室重构大约要一年时间，但并非人人都会发生，如果没有发生，将来再出现心力衰竭的可能性较小。心肌梗死后的规范化治疗就是为了减少重构的发生。

3）心力衰竭论坛中谈到一位心力衰竭患者，复查超声心动图，其心脏缩小到了正常范围，射血分数达到 60% 以上，可以说他的心力衰竭已经被治好了。但是，为了预防心力衰竭的复发，仍然坚持普利类药物和 β 受体阻滞剂这两类基本药物的长期 / 终生治疗。当然还有其他药物治疗，例如他汀类药物、阿司匹林。有时该患者血压短时间偏高，可以为其增加降压药物。

（三）回归人文之于 To Comfort Always

脱离基本功的安慰，很难解决临床问题，很难说是患者需要的。我们来看《胡大一心脏健康论坛》中的一个病例。

病例 2

患者，女，70 岁，更年期出现血压升高至今，近期因血压居高不下辗转就医：第一家说她焦虑，直接把她转给了院内心理医生；第二家收住院，出院时要求她停用治疗高血压的药物，处方了抗焦虑药。患者反映接诊医生都非常热情、可亲、健谈，然而由于血压仍然居高不下导致其越来越紧张，一天测好多次血压，睡眠质量也差。（该患者的情况对应了病例1中讨论的结尾部分。）

张立晶和大家从以下三个方面进行了讨论。

第一，我经常讲心血管疾病危险因素的综合控制，精神心理因素是冠心病的独立危险因素，其他危险因素还有高血压、血脂异常、吸烟、高血糖、肥胖、家族史等，而且危险因素之间是相互影响的。比如，吸烟和精神心理因素同为冠心病的危险因素，然而戒烟可能促进不良情绪的发生和发展，结果形成的矛盾关系就需要综合干预。

第二，她在门诊中也遇到过类似的患者，首先应弄清因果关系，即究竟是因为焦虑导致的高血压，还是因为疾病的迁延不愈或不能确诊导致患者焦虑，又进而对疾病产生负面影响。

（1）如果焦虑是高血压的原因，也要在控制好血压的前提下干预患者的不良情绪，标本兼治。

（2）她门诊的患者是第二种情况。她的干预是：（a）调整治疗高血压的药物；（b）明确告知患者每天测量血压不要超过3次，并介绍血压波动的相关知识，目的是帮助患者在生活中逐渐缓解焦虑情绪；（c）干预患者睡眠障碍，她用的是中医方剂；（d）告诉患者复诊的时间，以跟进患者的健康演进。

第三，我强调心脏科是"双心"的主战场，心内科医生要具备精神心理卫生的基本识别和干预技能，也就是说"双心"的干预过程基本由心内科医生独立完成。

在参与患者疾病与健康的博弈中，医生应该提供怎样的安慰？

我在《理解医学 做合格医生 构筑心长城》中提到：你接诊了一位喜欢吸烟的心肌梗死患者，你给他做了支架，还应该跟他讲清楚："以后不能吸烟，吸烟可能会使心肌梗死再发，而且容易长血栓。"你接诊了一个肥胖的青少年，天天喝含糖量高的饮料。你有责任和他父母与本人谈：“孩子应该控制体重，如果不控制体重，长大以后，不但患心血管疾病的危险因素增加，患癌症的危险因素也增加。”

在《医患交流面面观》中，我明确指出：“让患者参与”是根据患者的实际健康状况，充分了解和考虑患者的预期，向患者全面介绍各种可行性方案的基本原理和优缺点，和患者共同制订优选方案。

“让患者参与”不是“让患者自我抉择”，医生不可在介绍治疗方案时进行误导。

绝不可取的说法如：“你这个病做手术也行，不做手术也行。你自己决定。”“可搭桥，也可支架，搭桥全麻开胸，支架局麻不开胸。”

《医疗实践与医疗观念》是《我的医生生涯和医生梦》中的一篇文章，其中引用了我的一个干预高血压的病例，我认为有重复强调的必要。

病例 3

一位中年男性因为近期血压升高就诊。患者以往也有类似情况：一段时间血压上升，过些时候血压又正常了。多方诊治，没有找到原因。

经问诊发现，患者每次血压升高期间，他的工作量都有大幅度增加。同时发现患者平时缺少运动，脂肪和盐摄入过多。

■ 讨论 1

接诊医生可能只干预患者升高的血压，甚至诊断其为原发性高血压，为其积极施治。在此过程中，医生是尽职尽责的，患者却多方诊治而无果。

我的干预方案

（1）根据患者病情，处方降压药物，解决现阶段血压升高问题

（2）明确患者血压升高和工作压力的相关性，进行心理疏导

（3）指导患者采取健康的生活方式，从源头控制高血压

■ 讨论 2

同样是尽职尽责的医生，不同的是医疗卫生服务质与量的差异。患者的血压呈反复阶段性升高，并非“坐实”的高血压。医疗干预方案有时能够决定病情的进行性方向，是帮助患者回归零级预防，还是使其真正进入一级预防。

“重症监护室，一个最能暴露人在最脆弱的时候各种表现的地方。一位心肌梗死、心力衰竭继而多器官损害的危重患者，长期滞留在监护室，一个曾经身强力壮的大男人，突然变成被呼吸机、监护仪、各种管路等生命支持设备束缚的重病人，那种焦躁不言而喻。为避免躁动及不理智造成的意外及治疗的不配合，患者的手脚都被约束带束缚住了，且始终需要应用镇静药物，因此患者总是在昏睡及躁动两种状态之间转换。看不到好转的希望，反而出现凶险的菌血症高热不退。护士们反复更换冰袋、温水擦洗辅助降温，为了散热，身上盖的被单更是尽量少，只盖住隐私部位。多种高级别抗生素已轮番用过，现在只能等待观察，寄希望于这一轮更换的抗生素再次有效。医生查房时，患者又一波寒战袭来，医生顺手将患者的被单拉至脖子下面，并把四肢也尽量盖住，说：寒战的时候，大家还是愿意盖得暖和点的。我不经意间转头时，竟发现患者脸上露出了清醒的、感激万分的笑容。如此简单随意的举手之劳，对于一个没有任何自主能力的重病人来讲，或许就是最深刻的抚慰。”（一位年轻医生的叙述）

我们来看基本功在此处发挥的作用。

病例 4 监护室综合征（摘自新浪博客“一个大心脏”）

患者：女性，77 岁，因“急性非 ST 段抬高心肌梗死”入院。

既往病史：高血压病史 30 年，肾功能不全病史 2 年，无精神异常病史，没有痴呆。

入院诊断：（1）冠心病：非ST段抬高心肌梗死，心律失常，房颤，心功能II级（Killip分级）；（2）原发性高血压3级（极高危）；（3）肾功能不全氮质血症期；（4）肺内感染。

入院后医生制订治疗方案：患者被送入冠心病监护室，给予扩冠、抗凝、抗血小板、利尿、抗感染对症治疗，患者胸痛症状缓解。

入院第一夜，患者出现入睡困难，夜不眠，烦躁不安，意识混乱，定向力障碍，不知在什么地方，不知几月几日，言语紊乱，不能有效交谈，注意力不集中，不配合治疗。

患者无头晕、胸痛和呼吸困难，无发热。

又做脑CT检查，结果提示：腔隙性脑梗死。

给予安定（苯二氮草类药物）镇静治疗效果较差，白天症状减轻。白天觉多，晚上仍兴奋、躁动。

根据患者的临床表现，思考几个问题：（1）患者的症状是什么？（2）发生机制是什么？（3）应给予什么治疗措施？（4）如何预防？

王锦霞（精神科）——精神科专业知识链接：谵妄

本患者合并多种躯体疾病：（1）心肌梗死，（2）脑梗死，（3）肾功能不全，（4）肺炎，（5）贫血；又出现一系列精神症状：（1）意识障碍，（2）认知功能损害，（3）思维和语言障碍，（4）精神运动障碍，（5）睡眠–觉醒周期紊乱。

经过心脏内科和精神科医生的会诊，一起分析患者的症状及检查结果，认为患者除躯体疾病外，还要考虑精神疾病的诊断：谵妄综合征。

谵妄综合征（delirium syndrome）是表现为广泛的认知障碍尤以意识障碍为主要特征的综合征，急性起病，病程短暂，病变发展迅速，是一种急性器质性意识障碍，表现为意识水平改变、认知功能障碍、注意力不集中、睡眠形式变化（睡眠–觉醒周期紊乱）。引起谵妄的原因分为脑源性原因（各种器质性脑病，如脑动脉硬化）和非脑源性原因（包括感染中毒、躯体疾病、精神创伤，如“无症状”性肺炎、尿道感染、心力衰竭、电解质紊乱、贫血等均可导致发病）。高龄是最肯定的发生谵妄的危险因素，因为老年人最容易出现低氧血症，大脑低灌注，低血糖症，高血压脑病，颅内出血，中枢神经系统感染、中毒，上述六种情况是最常见的谵妄的诱因。此外，手术（手术中出现大脑缺氧，氧饱和度降低）、药物因素（如使用抗胆碱能药、精神活性物质或药物相互作用）和睡眠剥夺也会引发谵妄综合征。

患心肌梗死的老年人，常常因为如下原因发生谵妄：（1）心搏出量及脑血流量下降，儿茶酚胺分泌大量增高，会突然出现谵妄；（2）中枢神经系统减弱，下视丘－垂体－肾上腺轴的内稳态调节机制也减弱，是影响睡眠的主要原因之一；（3）只要降低与脑代谢活动有关物质的供给，摄取和利用时均可引起谵妄；（4）脑氧化代谢率降低，导致乙酰胆碱合成减少，可能是引起患者躁动不安的原因之一。

有资料显示，谵妄在综合医院的发生率为10%～30%，外科手术后患者中有50%会出现谵妄，70岁以上的老年人谵妄发生率为30%～50%，痴呆患者发生谵妄的危险升高（在住院痴呆患者中，谵妄发生率为41%）。

治疗方案：

1. 积极治疗躯体疾病：（1）改善心脏功能；（2）改善脑部血循环；（3）改善肾功能；（4）抗感染；（5）纠正贫血。

2. 合并抗精神病药物治疗：（1）改善精神病性症状；（2）控制兴奋；（3）改善睡眠。

抗精神病药物治疗：一类是传统药物，如奋乃静、氟哌啶醇等；另一类是新型药物（常用一线药物），如奥氮平、喹硫平、利培酮等。

使用抗精神病药物应注意：（1）从小剂量开始；（2）慎用苯二氮䓬类药物（如安定）；（3）减少抗精神病药物和心血管药物之间的相互作用。

3. 支持治疗：补充液体、保持电解质平衡、营养和能量支持、补充维生素、良好环境。

如何预防？

首先预防躯体疾病的发生，一旦出现躯体疾病应积极治疗，在治疗中减少药物的相互作用。

类似病例

病例 1

患者，女，55岁，因“运动性心慌气促11年”入院。入院后心电图、胸片、超声心动图检查诊断为风湿性心脏病，二尖瓣重度狭窄并关闭不全，冠状动脉造影及头颅 CT 检查无明显异常。入院后 10 天在体外循环下行二尖瓣置换术，手术顺利，下午六点脱呼吸机拔管。当晚无明显诱因出现意识障碍，烦躁不安，胡言乱语，实验室检查无明显异常，诊断为老年谵妄综合征，给予奋乃静 5mg 肌注缓解，然后用大剂量维生素 C、维生素 B 及高能量合剂静滴，持续 3 天后精神症状好转，治愈出院后随访 1 年，无任何精神障碍。

病例 2

患者，男，79 岁，因“反复心前区闷痛不适 20 天”入院。既往有高血压病史 10 年，排尿困难 1 年余。入院体检诊断为冠状动脉硬化性心脏病，陈旧性心肌梗死，三支血管病变，前列腺增生。入院后 7 天在体外循环下行冠状动脉旁路移植手术，分别行前降支、回旋支和右冠状动脉旁路移植，术后第二天早上脱呼吸机拔管，中午突然出现意识障碍，烦躁不安，胡言乱语，答非所问。体检：

BP160/90mmHg，神志不清，定向障碍，口角无歪斜，颈无抵抗，心肺（-），术后伤口敷料干燥，引流管通畅，右侧肢体肌力减弱，神经系统无明显阳性体征，急查电解质、血常规无明显异常，心电图提示心肌缺血。当时误诊为脑部小面积出血或腔隙梗死，给予地西泮治疗，意识模糊加重，次日白天嗜睡，间断神志清醒，乏力，夜间又出现意识障碍，烦躁不安，如此反复，昼轻夜重。后诊断为老年谵妄综合征，给予奋乃静 5mg 肌注，症状缓解，18 天后，精神完全恢复，行头颅 CT 检查，无明显异常。治愈出院后随访 1 年，无精神障碍，1 年半后死于脑出血。

吴彦（心内科）：

这两例患者都是在体外循环下做的开胸心脏手术，在手术结束当天或第二天出现精神症状。

谵妄（delirium）是一种在手术，特别是大手术后数天内经常发生的一种可逆和波动性的急性精神紊乱综合征，以意识、定向力、注意力、记忆、思维、感知觉、行为的变化以及急性起病、波动病程为特征。患者因病情危重而收治于重症监护病房（ICU/CCU），躯体疾病处于危重状态，精神上也承受很大刺激，加之陌生的环境，造成了谵妄发生率更高，被称为监护室综合征。根据相关文献报道，收治的监护室患者中，其发生率可以达到 32% ~ 60%。

患者临床表现呈多样性，程度轻重不一，具体表现为兴奋、躁动、极度紧张、拒绝各种治疗，感觉混乱、错觉、幻听、幻视，被害妄想、秽语、行为紊乱（如乱叫乱喊、撕衣毁物等），甚至有伤人或自伤等危险行为；还可表现为情感淡漠，反应迟钝，注意力不集中，记忆力、定向力下降等。其中，被害妄想最常见。其他表现有失眠（夜不眠和昼浅眠）、头痛、腰背痛、便秘、腹泻、皮肤异样感等。

针对监护室患者出现的精神障碍症状，首先要排除躯体疾病所致，并分析其他原因和诱因，进行相应的治疗和护理。

监护室患者精神障碍常见原因有以下几种：1. 脑器质性精神障碍：见于颅内感染、颅脑外伤、各种类型的脑血管疾病。应当详细询问病史，必要时做头颅 CT 或核磁共振检查。这些患者既往常有精神病、潜在性精神病或精神失常史，在接受重症监护时容易发生本病。2. 躯体疾病伴严重并发症：例如严重的全身感染、心脏疾病、肺源性脑病、电解质及体液紊乱、恶性肿瘤。特别是不同程度的心脏疾病更常见。3. 中毒所致的精神障碍：药源性和酒精性、农药中毒性等。例如有过安眠药中毒或长期对某种药物依赖或使用所致，如利多卡因或硝普钠都可导致精神障碍。4. 术中及术后代谢因素：术中低氧血症、低血压、大量出血、输血、过度换气、酸碱平衡失调、营养不良等。5. 环境因素：重症监护室紧张的环境与监护室综合征的发生密切相关，常常是造成精神障碍发生的主要因素：（1）监护室与外界隔离，家属不能陪住，环境陌生，缺乏沟通及交流，增加患者的孤独感；（2）重症监护室内有许多抢救设备和监控仪器限制患者活动，并影响休息和睡眠，给患者带来一种被禁锢的感觉，易产生恐惧、紧张、焦虑等心理反应；（3）通宵照明缺乏时间感和昼夜的节律感，其他患者的抢救噪声，会导致患者烦躁不安，刺激患者的交感神经，使心率加快、血压升高、压力感和焦虑感加重，疼痛感加剧，使患者感到抑郁、头痛、幻觉、入睡困难、昼夜睡眠节律倒转；（4）睡眠剥夺：实验证明，睡眠剥夺 2 ～ 5 天后会出现焦虑、多疑、定向力障碍、错觉、谵妄等精神症状；（5）患者因素：老年人、男性，尤其是性格内向的男性易发生。强迫卧位所带来的痛苦，交流障碍和对死亡的恐惧、逆反心理，患者自觉人格的丧失和医护人员自身的素质，卫生管理等因素也是导致精神障碍的诱因。

在排除中枢神经系统等躯体疾病所致的监护室精神障碍后，加强护理对策是重要措施。应当密切观察病情变化，早期评估精神障碍发生的因素，积极配合治疗原发疾病，预防心脑血管并发症，控制感染及低血压，维持水电解质平衡，补充营养。术前在掌握患者病情状态的同时，可对患者及家属的背景和存在问题提高重视，以便在术后护理工作中引起注意并协助解决；也可根据患者的病情、社会地位、文化背景等因素选择合适的语言交流方式，准确判断患者所要表达的意图，及时给予解答，减轻患者的精神负担和疾病痛苦。满足患者获得信息、获得安全感、适当活动的需要和早日康复的心理诉求。

改善环境，从生物、心理、社会三方面的因素考虑，给患者营造一个安静、舒适的休息环境。首先，减轻患者的感觉负荷，并解释影响患者及家属的环境刺激，以减少他们的恐惧和焦虑。其次，监护室环境设置尽量家庭化，增加生活气氛，缓解患者的紧张情绪。也可根据情况改变监护室的探视制度，通过家属和亲友的亲近给患者安慰和鼓励。根据病情合理安排患者，以减少多种治疗抢救造成的相互干扰，尽量避免使患者看到同病室危重患者被抢救的场面，以及其他危重患者的恶病质状态。夜间如非必须降低病房的照明度，医护人员的谈话、走路、技术操作均要轻盈，减少监护仪和呼吸机的噪声。

针对躯体疾病及时采取对症治疗，缓解患者痛苦。在患者意识清楚、合作的情况下尽量减少约束带的使用。对精神状态异常的患者忌用约束性治疗，可酌情使用药物性治疗。按需要协助患者翻身及按摩受压部位的皮肤并活动四肢。做好晨、晚间护理（如为患者温水擦浴或清洗手脚、按摩经常受压部位皮肤）及各种基础护理，这样不仅可给予安慰，还可以增进护患感情。注意保护患者隐私。监护室患者大多身体部分裸露，在治疗和监护期间容易忽视患者本身的存在和自尊。因此，应当尽量减少暴露部位，要尊重患者，必要时应用屏风遮挡或让其穿上病号服。

监护室患者精神障碍是由多种原因导致的，在对患者躯体疾病诊治期间，不可忽视患者情感需求。医护人员应当努力为患者营造温馨的环境，并密切观察患者各种病情变化及行为表现。增强医患感情，使患者得到被尊重及重视的感觉。保证患者在接受治疗时有最佳的生理、心理状态。

胜利（精神科）：

在识别上，兴奋型谵妄容易引起重视，淡漠型谵妄则容易被忽略。而患者往往有混合表现，有时兴奋，有时淡漠（“打蔫儿”）。谵妄的病程往往呈波动性，一天之中起伏不定，一般在休息好的时候意识清晰程度较好，而在疲劳、睡眠紊乱等情况下病情加重。常见的夜间出现，白天较好就符合上面说的规律。在处理上，单用安定类药物控制兴奋效果不好，剂量大还加重意识浑浊。应当以抗精神病药物为主，夜间辅以半衰期短的抗焦虑药物。无论是兴奋型谵妄还是淡漠型谵妄，建立正常的昼夜节律都是有帮助的，对于淡漠型谵妄而言，是主要的处理目标。

更重要的原则是，没有所谓“抗谵妄”药物，弄清导致或影响发生谵妄的因素，去除可以改变的病因，控制疾病进展，促进身体康复及药物的代谢，才是真正的对因处理。护理上学会适应谵妄患者的认知紊乱状态，能够最大限度地避免危险，减少不必要的用药。

吴彦和胜利都谈到了护理的重要性。的确，每每医生做着“高大上的救死扶伤”时，护士们从未离开，事实上护士陪伴患者的时间比医生长，她们尽心细致地工作：观察记录、翻身拍背、护理口腔、吸痰引流、按摩皮肤等，所有这一切对患者具有重要意义，也是整个诊疗方案得以实施的必要组成。

“记得一位知名老专家因严重感染、心肺复苏后入院，经过最高级别的专家会诊，制订了尽可能积极和周密的治疗计划。然而，一个干瘪瘦小的老人，虚弱地、静静地躺在那一床之地，被呼吸机、各种管路、导线所缠绕，最基本的生理需要——呼吸、吃喝拉撒都变得那么不容易，甚至不如一个婴儿，在封闭的重症监护室，远离家人亲朋，远离以往的荣光，一举一动都依赖于护士们的帮助。”（一位年轻医生的叙述）

看日本电影《海街日记》，剧中老大是临终关怀病房的护士，妹妹问大姐：对于即将死去的人是否不能太感情用事？姐姐回答：自己还是免不了会动感情，不会忘记他们。妹妹释然：这样就好了，不是习惯了就好了。

确实，尽管生老病死客观存在，然而我们不该“习惯”，反而应该更加珍惜患者的健康和生命，越是到了最后越要珍惜。现在时兴讲缓和医学，人们喜欢片面地将其局限于“疾病终末期，抢救还是关怀？”的讨论。在最后关头如何抉择，医生的专业水平和职业操守很重要。否则，医疗水平不足的放任自流或者子女的不孝可能成为现实。

（四）医学人文的更深一层内涵

我在《理解医学 做合格医生 构筑心长城》中指出：医生的职业除了面对患有疾病的广大患者，还面对公众健康。时时考虑患者利益，一切为了人民健康，是当医生的价值，是医学的目的。

人终有一老。如何帮助人们推迟对疾病的无奈，是我们应该思考的。换言之，不生病是最好的，生了病不复发也不错。相关话题，我一直在大力推进，比如群防群控、健康理想和理想健康。此处，我只再次引用心脏五环。

1. 防危险因素（初级或零级预防）。全人群策略，即全民层面的健康促进和健康教育，构建健康的社会环境（如控制 PM2.5 和公共场所无烟），倡导健康文明的生活方式。

2. 防事件（一级预防）。零吸烟，控制和干预高血压、血脂异常、糖尿病、肥胖等危险因素，及时发现靶器官亚临床损害，保持动脉粥样硬化斑块稳定，预防血栓形成，预防急性冠状动脉综合征（ACS）和卒中等可能致残、致死的严重事件。

3. 防后果。时间就是心肌，时间就是生命。针对ACS、急性心肌梗死等严重事件，建胸痛中心，开绿色通道，及早识别，及早干预，挽救心肌，挽救生命。

4. 防复发（康复与二级预防）。追求科学系统的康复，对患者进行随访，提供身心全面关爱服务，帮助患者不再重复发生心脑血管事件，减少不必要的反复住院与再次手术，延长寿命，提高生活质量，回归社会。

5. 防治心力衰竭。

人是一个整体，健康是一个连续不断的进程。医患双方都需要改变碎片化（如“头痛医头，脚痛医脚”和“各管一段”）的医疗观念和模式。让健康管理（包括公众的自我健康管理）贯穿于我们工作的始终，为人们提供一生所需连续不断和系统综合（涵盖预防、治疗和康复）的医疗服务。

结束语补充文字：
从一位患者自述再探医患关系和医学人文

胡大一（2021/06/20）

前些天道听途说，话题是从由衷感叹我关爱患者开始的。一位患者之前传染病（非新冠）住院，他说“我现在真切地感受到您说的关爱患者太重要了”，转而控诉遇到的门诊医生不尊重他和家属，住院主管医生不负责，颠三倒四地喋喋不休了好久。我问他：“后来呢？”他说：“有一位上级医生几乎天天查房，挺好的，后来住院期间和现在复诊都找她。”此时，患者的呼吸和语气都平缓了。我问：“护士呢？”患者的精神状态彻底放松了，他说：“小姑娘们都挺好的。”随即话题就转入他可算出院了，精神再度紧张地开始讲述脏乱差的住院环境，尤其是厕所，且厕所在病房的外面，有的病房男女混住，有的患者在病房内抽烟，更糟糕的是那家医院一号难求且床位紧张，患者常有不合时宜的“被出院”经历。他还说住院期间遇到了几位平时在同一家综合医院看病的病友，大家都极度怀念那家综合医院的干净整洁。

题外话，很多年前我曾努力呼吁医院建设绝不能忽视厕所、电梯等细节，它们很重要。再看如今各大医院的外观和内装。

我对他说:“你看，不称心如意的细节你记得清清楚楚且津津乐道，好的方面（不是没有关爱）不问你都忘了，问了你也没有一一列举。你对门诊医生和住院主管医生不满，固然有他们的问题，你下意识累积的负面情绪是否也投射到了人与人的交流上呢？”患者想了想，说可能是，记得出院时那位主管医生对他最后说的话还是让他感到挺温暖的。随后患者又极其泄气地补充:“我怎么得了这个病，让人嫌弃。”

后来我反省自己，尽管确是一大把年纪了，也不可以把自己置于制高点去评判或者批判，不在情境中。我总说“急患者所急，想患者所想”。我不知道本就自卑、压抑的传染病患者情何以堪，好在总会出院。坚守岗位的一线医护人员呢？他们在不悦的工作环境中，有被感染的风险，面对周转不开的床位，在未完成治疗的住院患者和院外等待紧急救治的患者之间“取舍”……

因此我想，回归人文也许包含回归客观和理性，即问题是什么，有无解决的可能或能够解决到何种程度，如何解决。医患双方同样如此。切记，冲动是魔鬼。当后果无法挽回，纵有万般委屈，也得不可避免地承担相应的后果。我想说，医学人文不光维护患者，也保护医护人员。只有真正地保护好（一线）医护人员，才能切实维护患者。

记得2004年、2005年我提出“双心”，讲精神心理卫生是被当代医疗遗忘的角落，但愿温暖的阳光照耀每一位患者和（一线）医务人员。这是我对医学人文的一些新的感悟，借《我的医生生涯和医生梦》出版之际与大家探讨，同时向坚守岗位的广大医务工作者致敬。

附录

医患交流面面观

第一节　浅谈医患交流

“医患交流”发生在我们工作当中的每一分、每一秒，要把它说清楚，还真有难度。我与大家分享一下我们的心得体会，请大家指正、补充和完善，目的是促进心血管科临床工作更有效和有序地开展，促进医患和谐，增强医生从业的安全感、成就感和幸福感。

一、举例浅谈医患交流

如果不会沟通，
你所知道的一切都无关紧要

我有一次在门诊一边处方一边对患者说："A 药早上吃，B 药晚上吃。明白了吗？"

患者答："明白了。"

我说："你重复一遍？"

患者说："B 药早上吃，A 药晚上吃。"

于是，我再一次强调了药物服用的正确时间，并且把相应的内容标注在了患者的病历上。

■ 讨论

1. 医患交流中，我们往往忽视"对方听到（理解）的内容和我们表达的内容相差甚远"。

2. 一方面，网络上、电视上纷纷晒出了各式各样龙飞凤舞的病历，不知道书写这些病历的医生本人是否能够看得明白？另一方面，遇到重要的问题时（如服药时间），我们一边熟练（飞快）地书写病历，一边并不太注意口齿清晰和吐字清楚地向患者表述。患者呢？每每也点头应和，如同我上面提到的情况一样。

3. 胡大一老师说："医生是教育者。……医生有责任做公众健康科普教育。……实际上，医生每天都在做健康教育。"我们应该劝告患者戒烟，告诫肥胖儿童的家长注意孩子的健康生活方式……

我对这段话有更深的理解：我们对患者的每一次诊治过程都可以被视为一次健康教育。

医患关系是矛盾统一的。

矛盾：病痛在患者身上，解决问题的是医生。

统一：医生通常解决的是患者（别人）的健康问题。

因此，才有了医患交流。通过交流，我们把患者不知道和需要知道的健康状况、疾病知识、应对方法等传递给他们，他们把疑惑、问题等反馈给我们，并再次得到我们的解答……

4. 胡大一老师说:“勤于笔耕。”我认为有一层含义是对我们认真书写病历的要求。既然是重要内容，不如多费点心思，认真把它们写下来。

· 沟通是能够学习并且保留的一系列技巧，而不只是一种个性特征。

· 如同体格检查等核心技巧一样，沟通技巧也需要通过学习才能掌握。

· 沟通的目的是将医生的理论转化为患者的实践，表达的方式、方法和所要表达的内容同等重要。

· 医疗卫生和医疗实践性质的变迁增强了对沟通的需求，即使有经验的医生也需要不断提高沟通技巧。

二、有效的医患沟通

1. 要与患者（必要时也包括家属）建立良好的信任关系，方法很重要，态度与愿望才是关键。

2. 有效沟通依靠我们的专业知识和职业操守（责任感、同情心……），我们对患者的正确态度应该是“尊重、同情和理解”。

3. 问好病史和耐心倾听。问好病史既是调查研究、了解患者疾病的症状、病史和他做过的检查，也是医患沟通的启动。只有问好病史，才能帮助患者在头一次面对一个生疏的医生时树立信心（如“找你看病，我信得过你”），包括情感的交流。

如果医生问病史非常简单，态度不认真，那么一方面医生很难把患者的病情问清楚，另一方面患者也难以相信这样的医生。

医生问病史不能诱导患者按照医生的思路去描述，也不能不耐心，要倾听患者的主诉，尊重患者的感受，因为病在患者身上。不要随便打断患者，去灌输医生的主观意愿。

绝不可取的做法：

你认为“患者不懂医，自己懂”，把自己的看法强加给患者。你觉得他就是冠心病，他说的不符合你想的，你就不愿意听，就人为地干扰和诱导他按你的方向去说。

4. 掌握患者相关信息，包括患者对治疗的预期（这很重要），医生不能一厢情愿。

不能强加给患者：“你要不这么做，你就没救。”一定要尊重患者，充分考虑患者的价值取向、对治疗的预期结果和最关注什么。欲使患者接受治疗建议，应该客观、详细地比较不同治疗方案的优缺点和不同疗效。医疗技术是医生用在患者身上的，所以医生一定要考虑：你用了这项技术，究竟是对谁好？有没有必要？还有没有更好的选择？简而言之一句话，你用的技术真正给患者带来的是什么？

此外，患者的一些烦恼是源于知识缺乏，或受不正确观念的影响。这时为其答疑解惑、纠正错误想法，可以解除不必要的烦恼和浪费（如心力交瘁和经济损失）。

5. 当遇到患者的主观感受和客观检查结果不符时，要努力寻找原因，标本兼治，关注患者的身心全面健康。

医学发展到今天，仍然有太多的未知，医生当然不能“包治百病”。

即便我们解决不了患者的全部问题，端正的态度和正确的沟通技巧还是能够带给患者信心和希望，带给医生成就感。对患者适时鼓励与协助，指出问题的可解决性，并给予支持，使患者感到问题是可以解决或改善的。

三、医患之间沟通不畅的原因

医务人员

- 使用专业术语

我曾经很多次遇到过患者拿着心电图，不安地问我：“‘窦性心律’（正常心律）是很严重的心脏病吗？”

- 缺乏沟通能力，或者不重视沟通
- 生理、心理上的疲劳
- 医患双方性格差异

事情就是这样，有人让你第一眼就喜欢他，另一些人却刚好相反。然而不要忘记，当我们面对患者时，我们是在工作。不要把这种无端的好恶带到工作中来。即便患者真的存在问题，也要保持客观的态度，按照规章制度，做好自己的分内事。切记，在我们厌烦和指责之前，一定要想一想：自己是否无可挑剔？

- 专业水平或者职业操守欠缺
- 其他（如方言）

患者

- 不善于表达
- 病情困扰

症状是带有主观色彩的感受。当患者过度关注身体变化时，会提高对症状的敏感性，甚至“诱发出”本不存在的症状。

- 负面情绪，如焦虑、对自己否定、不好意思询问，甚至害怕医生或者拒绝接受健康方面的负面信息

四、医患沟通不畅可能产生的消极影响

- 漏诊、误诊
- 漏治、误治
- 患者不配合检查和治疗

- 治疗依从性不好
- 医患关系紧张的策源地

五、举例说明

例 1：医生的专业知识，不是患者的主观感受

患者被诊断为心房颤动。

医生：你的问题不大，对生命没有威胁，预防卒中就行。

患者：我太难受了，怎么可能问题不大？医生没说实话，一定是治不了，他才这么安慰（糊弄）我。我肯定会偏瘫，或者不知道什么时候就没命了。怎么办呢？

- 令人不快的结果

患者不接受控制心率的药物治疗，坚持服用转律药物，生活质量明显下降，反复发作心悸。

- 解决方案

了解患者的主观感受，尽可能全面、清晰、通俗地针对患者的疑惑给出合理解释；了解患者对治疗的期望值。我记得小时候在学校，每次下课老师说的最后一句话总是："大家还有不明白的，课后找我。"

例 2：医生的不耐烦

想一想，有没有类似的情况发生在我们的工作中："终于结束了，这次又花费了这么长时间！"

经常有这种想法的医生，我建议他在桌面上摆个钟计时。我担保，大家

会发现实际花费的时间比我们认为的短得多。

另外一方面，我们在过于计较谈话时间的同时，往往忽略了面前的患者（他们说/问了什么？他们的反应是什么？是豁然开朗，还是迷惑不解？……），甚至忽略了我们自己究竟说了什么。

例3：医生说的，患者听不懂

每每看新闻中介绍先进武器，我都听得糊里糊涂。所以，想想患者本来生了病或者不舒服心里就发慌，再听到我们的“医学通用语言”，还真茫然；万一听到的是突如其来的“噩耗”，就只能感到“天都塌下来了”。

■ 解决方案

1)与患者充分交流,在使用医学专业术语后,尽可能通俗地讲解相关内容。

2）除非患者或家属询问，不要直奔可能的最坏结果，如猝死。“心脏病要命”，地球人都知道。

3）一定请患者复述一遍关键性医嘱。

例4：答非所问

我在门诊遇到过一位老人，她很沮丧：“每次来医院看病，没人在乎我，没人听我说什么。”

我自己也存在这样的问题：注意力全放在向患者表达，有时候一边写病历一边说，往往忽略了患者偶尔发出的微弱的提问声；即便确实听到了患者发问，思路依然在原来的轨迹上，继续自说自话。我们说的患者没听懂，患者的提问我们没回答，患者的思路也就被堵在了自己不明白的地方。

谈话要有针对性，我们针对的就是“面前的患者”。在我们“滔滔不绝”和“奋笔疾书”的时候，至少留一只耳朵给患者。

在《理解医学 做合格医生 构筑心长城》中，胡老师谈到：“我最近看到我们人民医院的一位老教授，他有稳定的心绞痛，诊断没有问题。但是，这位老教授明确说自己不愿意做支架，也不愿意做搭桥，希望接受药物治疗。而很多医生却一味劝说：您这个病变就得做搭桥或者做支架。”这是非常典型的答非所问。后来，胡老师跟他谈。他觉得，他现在已经80多岁了，在快步走路出现胸痛、胸闷（劳力性心绞痛）时，三五分钟不吃药也能好转；平时日常工作和活动，不走太快，没有任何症状。他认为接受支架后长期吃阿司匹林、氯吡格雷两种抗血小板药物，万一出血，风险更大。

六、引申出的问题：诚实面对自己

常见到介入医生避开“左主干和多支病变患者首选搭桥手术”的重点，而是与左主干和多支病变患者谈：可搭桥，也可支架，搭桥全麻开胸，支架局麻不开胸。

当然，我们也有“谦让”的时候。汤楚中主任回忆有一次在北京同仁医院心脏中心内外科一起讨论某个病例的时候，大家倍感为难。内科医师说病变太弥漫，你们外科做搭桥吧；外科医师说患者年龄大，多脏器功能受损，还是你们介入吧。最后胡老师总结，他说大家的意见都有道理，缺点是都把注意力集中在技术上了，为什么就不能想想技术以外的东西呢？药物治疗怎么样，大家考虑了吗？

医生是个“活到老，学到老”的职业，遇到“不知道”和“没见过”很正常，需要虚心请教和努力探寻。临床医学问题很复杂，一个人不可能事事都懂，但不能不懂装懂。不懂的事应诚恳告诉患者，并请教他人，帮患者安排会诊。

绝不可取的做法：

以自己现有的专业水平为标准，什么都往自己的标准里面套，实在套不进去就往外推。那就太可怕了！

归根到底，有效的医患交流建立在对患者以诚相见、医生业务水平过硬和不断提高的基础上。

七、小结

沟通（不只是医患交流）有一个规律：我们说的经常和对方听（理解）的意思不完全一致。

胜利给我讲过一个精神科的例子，虽然极端，但是可以说明问题。

他门诊的一位患者在问诊结束后问："大夫，完了？"

胜利答："完了。"

后来患者在家上吊，被家属救下，又来就医。

胜利问患者："为什么要上吊呢？"

患者答："你不是说'完了'吗？"

第二节　Calgary-Cambridge 指南

Calgary-Cambridge 指南是关于医患如何沟通的指南，由 Kurtz 和 Silverman 等于 1996 年撰写，1998 年更新。该指南以具体、简明的方式介绍了医患之间的沟通技巧。我结合自己的临床实践，和大家分享。

建立医患互信，建设医患和谐，从医患交流开始。医生要有同情心，尊重和关心患者，以饱满的情绪面对每一位患者。其实，这样的要求不高，因为让工作成为乐趣，你会感受到不一样的自己，不一样的成就感。双心医学和医疗的任务之一就是提高医生的从业幸福感。

1. 任何医疗干预都需要结合患者诉求（如担忧、期望），医患交流是发现这些诉求的最直接和有效的途径。

1）沟通是双向的，“单向”叫传达。给予患者能吸收的信息，把患者带入交谈中来（包括根据患者的反应来确定谈话如何继续进行），根据真实情况有的放矢地解决临床问题。

2）评估患者的真实需要，验证患者是否理解。在提供了我们头脑中的医疗信息后，鼓励患者表达诉求和疑问，如询问患者还需要哪些讲解或者补充，医生恰当地做出回应和澄清，避免造成不解或者误解。

3）医患共同参与医疗决策制订，通过患者对于决策制订的充分理解，增强患者的依从性和自信心。

4）如何强调“使用‘生活通用的语言’和患者交流”都不过分。

我想很多医生和我一样想不通：为什么那么多人“谈西药色变”，对医生监控下的药物副作用无比担心，却对没有证据支持的保健品（无论多昂贵）情有独钟？为什么医生在诊病治病上的专业权威总能被横空出世的“大师”们撼动？

语言交流技巧起码是原因之一！

2. 问候患者和自我介绍，如“高先生你好，我是心内科胡大一。”

3. 通过适合的开场提问，确定患者的主要诉求（如“你感觉怎么不舒服？”）。

4. 鼓励患者用自己的语言讲述就诊原因（症状从出现至今的全过程）和感受。医生不可以想当然(你觉得他得了什么病或者应该有怎样的临床表现)，并以此为依据诱导患者的思维和陈述。

5. 综合考虑生物、精神心理和社会因素。

病例：我认识一个人，更年期却抱回家一堆心脏科的药。原因是她的主诉是心慌、出虚汗。

生物学病史

- 现病史、既往史、个人史、家族史、体格检查、实验室检查
- 确定事件发生的时间和顺序

与患者相关的社会心理因素

- 疾病对生活的影响（如病痛造成生活、工作能力下降，导致自我评价降低）
- 精神心理状态（如对疾病 / 健康状况的担心引起紧张、忧虑）
- 对疾病的认识和对治疗的期待
- 睡眠和情绪

请对比以下两个问诊模式：

问诊模式 1

患者：我最近老感觉心脏不舒服，心慌、乏力。

医生：心跳每分钟有多少次？和活动有关系吗？脉搏齐不齐？有没有胸闷？

问诊模式 2

患者：我最近老感觉心脏不舒服，心慌、乏力。

医生：你感觉不舒服多长时间了？都是什么时候发作？有没有诱因，比

如活动的时候，或者生气之后？除了心脏之外，还有别的不舒服吗？睡眠怎么样？情绪好吗？

■ 讨论：

模式1中，医生只关注了患者心脏不舒服的生物学病因，最后只能得到与心脏相关的信息。

我后来问首诊医生做临床决策时是怎么想的。他说："患者一直在说自己胸闷，心慌，喘不过气来。"这是必然的，患者通常只知道自己哪里不舒服，医生才是综合、全面、客观评价临床表现的人，医生只问患者"心脏问题"，患者当然只答"心脏问题"。在这个病例中，医生忽略了"心脏不舒服，心慌、乏力"可能由多种原因引起，这正是胡大一老师大力推进胸痛中心建设的现实依据。

6. 当患者开始陈述时，注意倾听，不要随意打断患者（除非确实离题太远）。

7. 在患者回答问题之前，稍作停顿，给他们留出时间来想一想。催促患者就更加不对了。

8. 我们在回答患者之前也要想一想，确保做到以下几点。

1）我们在解答患者的困惑，而非我们自认为的问题。

2）构思我们要表达的内容和条理，立足患者和疾病的全面信息，尽可能全面地向患者介绍相关情况，不要想到哪儿说哪儿、说到哪儿算哪儿，避免造成患者断章取义或者"不明所以然"。

3）思考我们的表达方式，尽量用简明、容易理解的提问和评论，切忌用医学专用术语解释医学专用术语。

9. 医生要循循善诱，运用开放式和封闭式的提问技巧，将提问（谈话）循序渐进地从开放转向封闭，引导谈话沿着正确的方向展开。

看病就像破案，患者亲身经历了“案情”始末，我们要引导他们说出尽可能翔实的情况，这时提出开放性问题；随着线索越来越多（包括各种客观检查结果），整个故事越来越清晰，我们就需要寻找关键性证据了，此时提出封闭性问题，来验证我们的判断。

10. 病情解释。

1）一个大标题总是由分门别类的小标题组成，按照逻辑顺序，逐一向患者分别讲解。

2）每当我们的谈话告一段落时进行小结（向患者重复重点），并询问患者有没有疑问，然后再转到下一个环节。

譬如，当我们向患者比较各种治疗方案时，我们应该将各种可行的治疗方案割裂开，一样一样讲解，每讲完一种治疗方案做一个小结，令患者可以清晰区分各种治疗方案，要强调重点，加深患者的理解和记忆。

3）每当我们陈述完一个环节进入下一个环节时，运用清晰的分类或提示语（如“基于你现阶段的情况，我想和你讨论三个重要问题，首先……”；“刚刚咱们了解了早搏的种类，现在来看你的情况……”或者“我们刚才比较了各种治疗方案的优缺点，接下来我讲一下我的观点……”）。

■ 讨论：要按逻辑顺序组织访谈结构

我们在与患者交谈时，要讲究思维逻辑，不能把整个谈话记成“流水账”，不能东一榔头西一棒子，不能翻来覆去（甚至颠三倒四）。自己都没把事情梳理清楚，很难让听众不糊涂。

我不止一次听人炫耀：“我说哪儿了？思维太快，嘴跟不上了。”你都不知道自己说哪儿了，别人怎么知道呢？

4）使用重复和总结等方法加深患者的理解和印象。

5）运用形象的方法（如心脏示意图、心脏模型）传达信息。

6）验证患者对所接收信息（如病程发展、治疗方案、康复计划）的理解情况，必要时请患者重述。

11.在交谈时，我们要留意以下几点。

1）通过语言和非语言方式（如鼓励、停顿、重复、变换措辞、讲解、整洁的仪态和着装）展现医务人员的正面态度（如积极、同情、耐心、诚恳），帮助患者应答，消除或尽可能减少患者就医时的不良情绪（如紧张、不安、抵触）。

2）要与听众的目光交流，说话过程中的大多数时间眼睛看着对方是对对方的尊重，也可以及时发现对方的反应，包括同意/豁然开朗（如“大夫说得太对了，我就是这个难受法儿”）、信任、感动、疑惑（如“我没你说的那么严重，你是大夫，你懂，一定没错，可是……”）、茫然/惊吓（如“你在说什么呀？什么波？什么段？哪个分数怎么了？啊！这个词我懂:‘猝死’。猝死？怎么就猝死了？”）、不满……

3）留心从患者处提取语言和非语言（如身体语言、面部表情）的线索，适时、恰当地予以验证和妥善处理。

我在门诊中遇到一位女性患者主诉自己的心脏很不舒服，去过很多地方看病都没能找到确切原因，说着说着就掉眼泪了，而且越说越伤心，最后泣不成声。我们可以据此判断无论出于什么原因，这位患者的不良情绪非常严重，对于心脏症状的主观感受、心脏病的治疗依从性和预后康复都将带来负面影响。因而，最好的解决办法是在“发现线索”的第一时间询问患者相关情况，验证自己的判断，第一时间予以妥善处理，不要留下“后遗症”。（对于这位女性患者的最终诊断是焦虑，产生焦虑的原因是四处就医而没有得到对心脏症状的明确诊断以及听到了很多关于心脏病的可怕“下场”。）

4）注意面部的表情。我强调医生也有职业表情——专业、真诚、认真、坦率，专注于面前的患者，最好有一点儿笑容，不要流露出迷惑不解的神情。

5）注意姿态、位置、移动（如咂嘴、摇头、皱眉等动作可能引起患者的不安）。

6）注意语言表达技巧，除了注意语速、音量、语调外，我们一定要警惕“奇怪”“糟糕”等口头语脱口而出。

■ 讨论：

第4）、5）、6）点提示我们，医生在医患交流当中要控制自己的情绪，在没有明确的结论之前，不要给患者负面性暗示。

7）阅读（病历和各项检查结果）、书写病历或使用计算机时，不要忽视正在进行的交流，不要影响谈话氛围。

8）显示出恰当的信心，既包括医生对于自身专业知识的把握，也包括医生对患者的信心。医生不能解决所有问题，但确实可以帮忙改善。

12. 在交谈过程中，我们也需要在头脑中进行阶段性总结，回想和确认我们和患者双方相互理解了谈话内容。

1）当我们的陈述告一段落时，询问患者的理解并鼓励患者讲出“没听懂”“不明白”。

2）我们也要正确理解患者的意思。患者表述中可能存在以下问题。

a）患者不能清晰表述症状和体征（如“我浑身没劲儿，也说不出具体哪儿不舒服”）。

b）患者用的是“大白话”，与我们平时装在脑子里的“条条框框”不能在第一时间对应。

c）我们听不太懂患者的方言。

d）患者的思维逻辑混乱，或者由于文化水平等限制，确实难以沟通。

■ 讨论：

1）我们需要适时向患者核对自己的理解是否符合患者的本意。

2）我们需要和患者一起厘清脉络。

例如，高血压患者出现头晕怀疑是降压药物的不良反应。医生应该帮助患者查找引起头晕的真正原因，是药物副作用还是另有玄机（睡眠不足、饥饿、感冒、发热或者降压过低等）；而不是“没问题，你说不能耐受这种药，我就给你换一种”。

又如，患者说自己胸痛。我们就需要通过“痛的时候什么感觉（如针刺状）？一般痛多长时间可以缓解？如何缓解（如休息或者含服硝酸甘油）？一般在什么情况下出现胸痛（如活动或情绪激动时）？发生胸痛的频率如何？”等一系列问题来理清我们的思路和明确下一步措施。

3）必要时请家属在现场帮忙。但禁用“患者出去，家属留下”。

13. 确定患者陈述事件的日期和顺序。

14. 了解患者对疾病的相关想法，例如：

1）患者的担忧（如血管里放个小金属架子，倒了怎么办？）；

2）患者的期望（如希望重返工作岗位）；

3）影响（如不明原因的胸痛打乱了患者的日常作息）；

4）患者的信仰（避免医患双方在诊疗和康复过程中产生不快）。

■ 讨论：

医生充分了解患者信息，不是为了解决所有的问题，我们也做不到。这些信息可以为我们制订治疗和康复方案提供更加全面的参考；从患者的真实愿望和需求出发，可以更好地激发患者的主观能动性，使其积极配合治疗和康复，纠正不健康生活方式，努力回归健康人生。真诚的交流和沟通是建立医患互信的直通车，医患和谐的关键在于“人心”，并不是要求医生无所不能。

15. 明确、公开表示在一定程度上接受患者的看法和感受的合理部分，讲解、分析和纠正其中的不合理部分，鼓励患者积极正确面对和应对。

“医生是教育者，肩负着公众健康教育的责任。”但是这个“教育责任”不是老师给学生批考卷（如“你的主诉与客观检查不符，所以你的主诉是错的”），而是通过我们的“教育”与患者一起妥善处理他们面临的健康问题和困惑。

16. 运用换位思考，我们就不难理解我们自定义的“说不通”“不明事理”“胡搅蛮缠”了。

患者就医通常是因为身体不舒服或者检查结果显示“不正常”。你跟他说他没病，他跟你说他难受。其实不只是你认为他说不通，他也认为你没听明白。

17. 提供支持：表达关心、理解和帮助的愿望，肯定患者克服病痛的努力和指导患者的自我保健，建立伙伴关系。

18. 处理令人尴尬、烦扰的话题和躯体的疼痛时，包括与体格检查有关的问题，医生要敏感，要体贴。

19. 向患者明确疾病诊断或治疗进行到了哪个阶段，解释非结论性（似是而非）的问题（提法）；在开具体格检查单时，说明该项检查的基本原理（该项检查对疾病诊断有什么意义）；进行体格检查时，向患者解释操作过程，在开始检查前征得患者允许。

20. 在一定程度上向患者介绍我们的思考过程。要知道，法院判决前还要经过严格的庭审过程呢！“我不是告诉你了吗？你就是这个病，就得这么治。哪儿来那么多‘为什么’呀？我依据什么做的结论，跟你说了，你懂吗？”这种想法和做法是不对的。

21. 当我们遇到困境（如疑难杂症或者自己拿不准）时，应采取积极措施（如会诊），诚恳地向患者说明情况（包括患者的真实情况和医生正在采取的积极举措）。

22.“让患者参与”不能成为医生推诿责任的借口。

1）“让患者参与”不是“让患者自我抉择”。

绝不可取的做法：

a）“你这个病做手术也行，不做手术也行。你自己决定。”

b）（前文提到）“可搭桥，也可支架，搭桥全麻开胸，支架局麻不开胸。”

2）“让患者参与”是根据患者的实际健康状况，充分了解和考虑患者的预期，向患者全面介绍各种可行性方案的基本原理和优缺点，和患者共同制订优选方案。

23. 安排患者复诊和随访。

24. 向患者详细介绍日常生活中的注意事项、可能出现的应急情况和紧急处理方法，建立畅通的医患通道。

25. 在谈话结束时，简要地进行总结，重述重点（如明确治疗计划）和询问患者是否还存在疑问（如患者对于医嘱是否心存疑虑）。

第三节　关注医源性心理障碍

一、医源性心理障碍的定义

“医源性心理障碍”一词由德国精神病学家 Bumke 于 1925 年提出，指错误的诊断、反复检查和长期未确诊、错误的治疗以及医生不恰当的言语、表情、态度和行为给患者造成的不良影响，造成患者发生异常的心理生理反应。其狭义定义为：因医务人员的语言、文字、态度、行为、医疗水平等处理不当导致患者产生神经症状，临床表现为焦虑、抑郁、恐惧、烦躁、头痛、心悸、胸闷、肢体震颤、强迫观念、癔症或疑病，严重者导致机体发生器质性病变。医源性心理障碍在各学科都可以见到，尤其是在可以威胁生命的疾病学科更容易发生，如肿瘤科、心血管科、神经科等。

二、避免心脏科的医源性心理障碍

1. 医患交流时，医生要摆对位置。

每每患者讲：“医生都厉害着呢，多问两句就烦了。”“医生说了，‘我是医生还是你是医生，听你的还是听我的？’”或者听到医生命令甚至训斥患者时，我知道我们当中不曾有人怀疑过自己在医患关系中处于主导地位。

医患关系是怎么形成的？

医患关系的产生源于供需，本该秉承平等互助的原则。患者的无助是双重的：1）生病了或者不舒服；2）难受，却不知道自己怎么了，也不知道应该怎么办。这时候，医生职业应运而生。医生给患者提供医疗卫生服务，也因此得以维持生计。试想如果餐馆不但价格贵，而且服务也不好，连菜品都需要碰运气，你会光顾几次？在医院，我们是提供服务的一方，医学专业知识是我们必须具备的职业技能，不是光环，无法带给我们优越感和强势。

职业的高尚并不意味着从事这个职业的人高尚，我们需要用自己的实践、努力和体会领悟医生职业的内涵。

2. 医患交流时，医生要做好角色扮演。

角色分配

医生：画家也好，作家也罢，总之是创作者

患者：一张白纸

角色扮演

医生在做医患交流时，要把患者当作对于（疑似）所患疾病一无所知（大多数情况下，患者确实一无所知），清晰的来龙去脉（根据、因果关系）和积极的态度（如鼓励性的语言）是必要的。另外，患者带着“心脏不舒服”或者不正常的检查结果来心脏科就医，消除症状（找到病因）和明确诊断/排除心脏病同样重要。

切记，“医患交流”不是“病例讨论”，我们面对的不是同行。

3. 医患交流时，医生的语言要客观。

想要把人们说的话搜集完全是不可能的。下面是我总结的医生的一些比较集中和典型的不恰当表达方式，与大家分享。

■ 医生解释病情时言语不当

1）“别多问了。”

我再次强调：我们没有权利命令或者申斥患者。患者为什么不能就自己的健康状况向医生发问？否则，他们来医院干什么？

2）“和你说了你也不懂。”

你不说，他更糊涂。患者找你看病，你不解答他对健康的忧虑，那让他怎么办呢？

3）“家属留下，患者出去。”

我遇到过一位基本健康状况良好的老太太，遭遇了上述要求，之后便深信自己身患顽疾，从此研习《钢铁是怎样炼成的》，开始了“战士”的心路历程。

虽然出于保护患者的考虑，也请选择更好的方式把患者支开。

4）“没有什么特别好的药”“你的病不好治”或者“你的手术不好做”。

当我们遇到棘手的病情，确实没有太好的方法时，正确的思路是向患者介绍可以选择的各种治疗措施和相应可能达到的效果，了解患者对于治疗和康复的预期，医患双方共同抉择相对最优方案，而不是直接给予负面信息。

如果是出于某种原因留下伏笔，请不要以吓唬患者为代价。

5)“你怎么才来看病？”

那他就是才来看病！你根据患者现阶段的实际健康状况具体问题具体分析就对了。

6)“听你的还是听我的？”

医生的这种心理很可怕。首先，主诉当然是听患者的，因为那些是患者的真实感受，即便当中有不合理的部分。医生不能否定这些真实存在的感受。其次，要了解患者对于治疗的预期，医生不能一厢情愿。再次，医生学艺不精或者“一招鲜吃遍天”，“我就会这个，别的不知道”，所以自然“没的解释”，也不会解释。

■ 为使患者配合或接受治疗，夸张地描述疾病的严重程度和/或不良预后

7)“你的心肌缺血面积太大了”“血管病变太严重了”“你还是赶快做冠状动脉造影吧，你的血管肯定有问题，如果不放支架，说不定哪天还会有心绞痛发作，也可能很快就会发生心肌梗死，随时都有猝死的风险”。

就事论事，客观地陈述状况和讲解怎么办要实在得多。

■ 医生不自觉（下意识）的行为习惯

8)“你能自己走着来真厉害”“没有发生卒中真是庆幸”。

患者已经走着来了，患者没有发生卒中，这些评论一点儿意思都没有。如果发现患者在日常行为中存在潜在危险，那么告知他们注意事项（包括急救措施）。

4. 避免医源性心理障碍，医生要不断提高自身的专业水平，这是一切（包括避免医疗纠纷）的基础。

医生不怕生病吗？外科大夫在手术中划伤，也会担心感染；当我们在体检中被发现患上了重病（包括心脏病），我们无动于衷吗？当我们面对患者时，想想我们自己生病时的感受。

患医的交流

（2019/08/15）

大家好，我们今天在北京中医药大学东直门医院心内科，就“医患交流”的心得体会闲聊。今天闲聊的题目是“患医的交流”，顾名思义，目标听众是患者。

在开始正题之前，我们先来了解一下“环卫职工健康驿站”公众号的由来和目的。这个公众号是胡大一大夫发起的一次健康促进的全新尝试，目的是有针对性地普及疾病和健康科学知识，并检验这些科学知识在现实生活中的实用性和实效性。所以，我们除了刊发胡大夫医疗团队的署名文章外，也会基于不同的选题，结合文章内容和人们的亲身经历进行讨论，以便更加真实和务实地帮助处理现实问题。

我们今天的选题是“医患交流”，在这之前公众号发了两篇文章——《医患交流面面观》和《理解医学 做合格医生 构筑心长城》。我们此处只谈与医患交流相关的内容，并非讨论疾病和转归。我们从客观的健康改善的角度探讨医患交流，而非控诉或歌颂医生本人或行医。毕竟，患者找医生多数是为了自己的健康促进，无论主观感受不好，还是客观检查出了状况。但问题的另外一面确实是要找到甚至碰到那个“找你看病，我信得过你”的医生。

其实这种医生并不罕见，他们就在你我中间，遵从内心的感受，而非人云亦云。记住，自己的真情实感不会欺骗自己，别人的经验和传说中的名气不见得适合自己。

今天在场的有医生，也有患者。为了节省时间，我挑了一些植物称呼各位，就不请大家自己选了。

我们首先来看两个案例的对比。

案例 1：

向日葵今年 45 岁，从 2000 年因红斑狼疮就医至今，今年初又被确诊原发性高血压和肺动脉高压。

向日葵的红斑狼疮有其遗传因素，别无选择；伴随病程的发展，势必出现这样那样的并发症，也在意料之中。庆幸的是，她在这许多年的就医历程中逐渐摸索出体会、心得，也最终寻到了好的归宿。因而，我们看到现在的向日葵很乐观，甚至快乐。

向日葵在初期拒绝激素治疗，只看中医，疾病控制得一直不好，直到去同仁堂施小墨诊所见到常大夫。常大夫是位中医大夫，兼具西医基本功。常大夫告诉她一定要做西医检查，进行激素治疗，这些是中医治疗不能替代的（至于中医可能在红斑狼疮的重大突破是后话，现在未定论）。

于是向日葵在北京医院免疫科遇到了徐大夫。由于经济条件不允许，向日葵放弃了中医治疗，坚持在北京医院徐大夫处随诊，现在的激素药量已经降到了最低的维持剂量。

这期间向日葵读了《胡大一医生浅谈心脏健康》，知道红斑狼疮可能引起心脏相关的并发症，也读了胡大夫和张大夫的一系列文章，其中阐述了疾病 / 健康的全局观，不能头痛医头、脚痛医脚，因为这么看病往往顾这儿没顾那儿，甚至治标不治本。胡大夫不好找，于是她来东直门医院找到了张大夫咨询。

果然，今年年初，北京医院的徐大夫初诊了向日葵的高血压，告诉她到专业科室进一步确诊。由于之前就咨询过张大夫，所以她接下来的就医之路水到渠成（没有走弯路）。

前些日子向日葵陪表弟去了同仁堂施小墨诊所找常大夫看病，常大夫在明确其皮肤问题源于过量饮酒后，更关心向日葵的身体状况，详细问诊之后处方了中药汤剂。常大夫说："你吃不吃再说，我先把方子开给你。"刚好另一位表弟好心承担了药费。

回忆起这些，向日葵总是很健谈。她说："我虽然身体不好，但运气挺好的，遇到的都是好大夫。同仁堂施小墨诊所的常大夫知道我拮据，每次给我开药，都先权衡几种功效相近的药材的时价。我已经好久没见她了，她居然还记得我和我的病情。北京医院的徐大夫门诊的患者很多，经常是下午医生来接班了，她还在认真地工作，从来不催促患者并且耐心作答，每每还会因为患者等候向患者表示歉意。徐大夫前些时候因为癌症病休，好多病友都很担心，不知道该找谁看病了。张大夫对我的健康状况有全局的掌控，不仅治疗我的心血管相关疾病，还指导我在需要的科室就医并回来汇总。"

说到运气好，向日葵还特别谈到东直门医院通州院区急诊科的一位李大夫。一次她高烧去看病，李大夫明确了发热的原因，综合考虑了其红斑狼疮的基础疾病，开药时很是慎重，并建议她多喝柠檬片泡的水补充维生素 C，可以喝脉动补充电解质，慢慢调节身体状况。因为按照常人的发热治疗，搁在向日葵身上适得其反。就此事件，向日葵的运气确实不错。

向日葵的就医乐趣还源自分享，他带表弟去看常大夫，带舅舅看徐大夫，推荐病友看张大夫……就在刚刚过去的 9 月份，她又带舅舅来看张大夫了。这就是案例2。

案例2：

向日葵的舅舅支架术后出院2个多月。这期间，他在原来的手术医院复诊/康复。题外话，那家医院是北京某知名三甲医院，更是向日葵家除她之外所有人顶礼膜拜的医院。但向日葵凭借多年的就医经验不喜欢那家医院，原因是她的姥姥在那儿去世，在老人的弥留之际，发生了两件事令向日葵非常不快。第一件事：医生在老人的病床前当着患者和家属面激烈地各抒己见、争论治疗方案（要打起来了）。第二件事：老人非常虚弱，需要某种稀缺药物，医院不给处方，要求家属自行解决。当向日葵拿着该药交给医生时，医生不是立即进入相应的治疗程序，而是嬉皮笑脸地说："你够有本事的呀！"然后向日葵心急火燎地问他："这药你们到底用不用啊？"我记得向日葵说她自己很困惑，感觉面前那个身着白衣的人不是他们自诩的天使，而是街头二流子。

《医患交流面面观》："职业的高尚并不意味着从事这个职业的人高尚，我们需要用自己的实践、努力和体会领悟医生职业的内涵。"现在，人们总是把医学人文和职业精神/道德挂在嘴边。这些名词不是空洞的概念，而是医生在日常的工作中随时随地让患者和家属体会到的。其实，两个案例对比到现在，已经可以说明问题了。

接着说向日葵舅舅的经历。在住院期间，向日葵第一次去探视，患者看到亲人顿时眼泪就下来了，于是向日葵就被轰出去了，理由是她让患者过于激动了。患者出院后复诊，询问是否可以在同一位医生处定期复诊，得到的答复是"办不到，因为医生们都太忙了"。

《医患交流面面观》:“安排患者复诊和随访。”

向日葵不明白:“为什么舅舅出院后总是查血生化全项?”“前后复诊的处方不一样,应该以哪张处方为准?”“我一直都在固定大夫处就诊,那些大夫的病人可多了,他们可忙了。再说医生不得替人看病吗?没时间看病人,他们在忙什么呀?”

最让向日葵担心的是患者情绪逐渐变差,时不时因为就医和疾病与家人争吵。她又看到了一组问答。

问:心肌梗死后患者在规范服药的情况下,心力衰竭可以延缓多少年?

答:心肌梗死后心室重构大约要一年时间,但并非人人都会发生,如果没有发生,将来再出现心力衰竭的可能性较小。心肌梗死后的规范化治疗就是为了减少重构的发生。

于是,向日葵成功“策反”了自己的舅舅,舅舅放弃了自家几代人迷信的大医院,来东直门医院心内科,“投奔”张大夫了。两人事后感慨,张大夫从头到尾都讲清楚了,包括每项检查的目的是什么,心里就不着急上火了。其实,舅舅见到向日葵就哭,也是因为吓的(患者自行到医院就诊,被告知“你不能回家了,必须立刻住进 CCU,否则后果自负”)。

《医患交流面面观》:“向患者明确疾病诊断或治疗进行到了哪个阶段,解释非结论性(似是而非)的问题(提法);在开具体格检查单时,说明该项检查的基本原理(该项检查对疾病诊断有什么意义);进行体格检查时,向患者解释操作过程,在开始检查前征得患者允许。”“不能强加给患者:‘你要不这么做,你就没救。’……欲使患者接受治疗建议,应该客观、详细地比较不同治疗方案的优缺点和不同疗效。”“与患者充分交流。”

疾病和健康的全局观在此次就医过程中同样得到了体现。插句题外话，什么“医学人文”“职业精神”“疾病和健康的全局观”，这一切的一切，说到底靠的是医生的基本功，基本理论、基本知识、基本技能，这叫基本功。否则，一切都是空谈。张大夫就综合考虑了患者的免疫性疾病（向日葵的舅舅同样在张大夫处随诊）。

> 总之，结果皆大欢喜。患者虽然还是一贯的急脾气，但转诊之后的将近两个月除了按医嘱检查、服药和复诊外，不再把疾病和就医挂在嘴边了。其实，张大夫并没有更改上一家医院最后的那张处方，同样的处方带来的是截然不同的疗效。张大夫还额外开了中药汤剂作为辅助治疗。在第二次复诊之后，本来一向不爱喝中药的患者（因为苦），居然兴高采烈地说：“我回去要好好吃中药。”

> 还有一个插曲，因为患者的超声心动图和向日葵的一样显示肺动脉高压，因此向日葵看了患者的中药处方，发现和自己的中药处方有不少共同的地方。她说：“因为机缘巧合自己才又能吃中药，虽然具体描述不出，吃后感觉好受了。”她还高兴地说：“你看我的脸是不是好多了？原来的红斑淡了吧？本打算请张大夫看看处方，看和现有治疗有没有冲突，毕竟我的病是以西医治疗为主的，可惜这几次都是陪我舅舅看病，看到那么多病人，就没好意思多嘴，不过现在对比了两个处方，多少放心了些，等我下次复诊（肺动脉高压半年复诊）再请她看。”

■ 小结：

1. 医患究竟是什么关系？《医患交流面面观》：“医患关系的产生源于供

需，本该秉承平等互助的原则。患者的无助是双重的：1）生病了或者不舒服；2）难受，却不知道自己怎么了，也不知道应该怎么办。这时候，医生职业应运而生。”

患者因为客观检查结果的不正常或者主观感受的不舒服去医院找医生，医生看的是别人的病（医生生病了往往也是别的医生看），就是这么回事。患者是去看病的，而医生看的应该是病人，疾病有其共性，但患者一定存在个性，导致了不同的人患同一种病时的表现不尽相同。

胡大夫很多年来一直在强调：关注患者的预后。时间进入公元2019年，医疗卫生服务的衡量标准早就应该从“量”向“质”转化了。无论医生做了怎样的医疗干预，都是手段和过程。目的是患者健康的促进和改善。不能实现目的或者不考虑目的的过程或手段，有意义吗？

我们刚刚提到的那些不愿为固定患者诊治的医生是否没有勇气接受患者疗效的考验，没有勇气面对由此带来的患者流失呢？还是忙到无暇顾及你们的医疗干预对于患者健康的影响？《医患交流面面观》：“绝不可取的做法：以自己现有的专业水平为标准，什么都往自己的标准里面套，实在套不进去就往外推。那就太可怕了！”“医疗技术是医生用在患者身上的，所以医生一定要考虑：你用了这项技术，究竟是对谁好？有没有必要？还有没有更好的选择？简而言之一句话，你用的技术真正给患者带来的是什么？”

这里和大家分享一个病例（病例的讲述时间是2016年12月），由于今天的目标听众是患者，因此不用纠结其中的专业内容。北京大学人民医院心内科的吴大夫有一位长期诊治的患者，现在80岁了，身体状况仍然很好。

20年前，吴大夫在冠心病监护病房工作，遇到一位60岁男性患者，因为胸痛3天，心电图胸前导联ST段抬高而被诊断为急性前壁心肌梗死，心肌酶学检查也符合心肌梗死。患者不愿意采用冠状动脉介入治疗，住院期间给予阿司匹林等抗血栓，硝酸酯扩血管，以及倍他乐克等治疗。该患者有高脂血症，但当时他汀类药物剂量普遍较低，仅给予辛伐他汀 5mg 治疗。超声心动图发现心脏扩大，射血分数降低，患者被诊断为心力衰竭。当时的治疗理念还是利尿、扩血管、强心，以对症治疗为主。

患者病情稳定后出院，每月定期来门诊复查。患者经常出现活动时胸闷，一侧后背总能听到湿啰音，体力活动也受限。

两年后，患者再次胸痛，被诊断为急性下壁心肌梗死而住院，仍采用药物治疗，增加辛伐他汀剂量至 20mg，并给予福辛普利治疗。二次心肌梗死加重心肌损伤，使心力衰竭治疗更加困难。

庆幸的是，在2000年前后，心力衰竭规范化治疗方法已逐渐形成，特别是胡大夫将其申办为卫生部"十年百项计划"推广项目而大力推广。吴大夫对规范药物治疗有了更深刻的认识。

尽管患者的血压、心率早已控制在正常范围，吴大夫仍然努力增加 β 受体阻滞剂（美托洛尔）和血管紧张素转换酶抑制剂（福辛普利）剂量。2001 年改为比索洛尔并加大剂量至 10mg/d，再加福辛普利 20mg/d。从此以后，患者病情出现转机，不仅症状逐渐消退，超声心动图检查显示心脏也缩小到正常范围，射血分数达到 60% 以上。

这些治疗手段坚持使用至今，已经 10 余年。该患者一直在吴大夫的心力衰竭门诊随诊，现在心腔大小和心功能均恢复正常，近年查血的心力衰竭指标脑钠肽也正常，日常活动没有症状。患者感觉如同没有发生过心肌梗死和心力衰竭。

虽然通过冠状动脉造影评估该患者的血管是否需要支架有其必要性，但患者由于宗教信仰，不接受有创甚至是微创治疗。《医患交流面面观》："掌握患者相关信息，包括患者对治疗的预期（这很重要），医生不能一厢情愿。”“任何医疗干预都需要结合患者诉求（如担忧、期望）。”临床水平的标尺是“为患者带来了什么”。吴大夫分享病例的临床效果是我们愿意看到的，患者的冠心病得到了稳定和二级预防，心力衰竭收到了良好预后，也蕴含了医学人文、医学伦理等更深层次的内容（将在以后设专题讨论）。

因为和东直门医院心内科的朱大夫落实这次录制的细节和分工，闲聊起她的出诊时间改了。那天我去找她时她在值大夜班，白天出了一天的门诊，她说那天看了100多位患者。朱大夫的门诊固定患者的比例很大，她原以为大家方便在原来的那个时间就诊，谁承想那些固定患者追到了新的门诊时间。

记得第一次见朱大夫是有一次我去医院探视时。那是盛夏的一天，患者第二天要做造影检查，医生来办手续。眼见一位女医生急火火地走进来，第一句话却是“这屋里怎么这么热呀”。事情是这样的：我探视的患者非常怕热，隔壁床的患者自称不能吹空调（可他偏偏选择了正对空调的那张床，也不换），我探视的患者本是很不高兴，但想着医生不会管这种事，已经住院了，本来就热，再着急上火，别没事弄出点儿事，就忍了。朱大夫了解情况后，不是按部就班地办完手续赶快溜之大吉，而是先把手续放在一边出去了。没几分钟，来了两个年轻医生，她们搬来了一台落地电风扇，说那是医生办公室的电风扇，先凑合用着，再协调想办法。结果那天正好有床位，所以我探视的患者调了床位，第二天的检查也如期进行了。那时候，我和朱大夫不认识。这是否就是胡大夫要求的“急患者所急，想患者所想”？老一辈的医生用几十年的经验总结出精辟的文字，不是未经实践地玩文字游戏，他们日复一日、年复一年就是这么做的，久而久之，在不经意间便成了“冬日暖阳”。如果遇到眼泪涟涟的患者，他们的第一反应不是轰走家属，而是寻找原因和进行干预，必要时请家属配合。

2. 你们是否遇到过医生解释不清或根本不理你的提问，而是很有底气地说“我是专业的，讲了你也不明白”？

我遇到过，那是我请某位医生做科普讲座，他的意见是没必要讲，有些事情就不是非专业人士应该知道的，他们知道得越多越解释不清，反而是麻烦。于是，我删掉了这位“大牌”的联系方式，邀请了愿意普及医学科学知识的医生们。因为就我自己而言，也希望就医学专业问题了解到我需要了解的程度，这个程度由医生掌握。而不是为了规避所谓的社会矛盾，医生从此三缄其口，讳莫如深。

我也听初出茅庐的年轻医生说过这样的话，但当我请她参加一次患者答疑时，她说怕说错了。

《医患交流面面观》:“患者的一些烦恼是源于知识缺乏，或受不正确观念的影响。这时为其答疑解惑、纠正错误想法，可以解除不必要的烦恼和浪费（如心力交瘁和经济损失）。”“‘我不是告诉你了吗？ 你就是这个病，就得这么治。哪儿来那么多“为什么”呀？我依据什么做的结论，跟你说了，你懂吗？’这种想法和做法是不对的。”“你不说，他更糊涂。患者找你看病，你不解答他对健康的忧虑，那让他怎么办呢？”“医生在做医患交流时，要把患者当作对于（疑似）所患疾病一无所知（大多数情况下，患者确实一无所知），清晰的来龙去脉（根据、因果关系）和积极的态度（如鼓励性的语言）是必要的。”

在这里要有所区分。有次和白玉兰谈到这个话题，她主动承认错误，说她就说过类似的话。事情是这样的：一位老年患者每每在问诊结束后数次返回确认，白玉兰总是反复地就先前问诊内容再做几次确认，由于数次打断正在就诊的患者，所以白玉兰在几次反复确认后，客气地告诉老人“听我的，没问题”。

当然也有跋扈的患者，今天不讨论这种情况，但医生深厚的基本功和不卑不亢、中立、客观的专业态度，多少可以化解尴尬。

3. 医患交流到底是怎么回事?

前面做了很多组的对比，大家不要误会今天的话题又是一如既往、毫无新意地抨击当下，貌似疾恶如仇。不是的，我们是希望大家掌握一些医患交流的实用技巧，促进自身健康，延长寿命，提高生活质量，融入健康中国的建设中。

可以肯定的是，我们确实不专业，但这不代表我们就完全无能为力。衡量医生在你心中的专业程度，金标准就是“你的主观感受和客观检查结果的共同促进”。

《医患交流面面观》:“当遇到患者的主观感受和客观检查结果不符时，要努力寻找原因，标本兼治，关注患者的身心全面健康。”

1）首先，你和医生说的是一回事吗?

《医患交流面面观》:“我们说的患者没听懂，患者的提问我们没回答，患者的思路也就被堵在了自己不明白的地方。谈话要有针对性，我们针对的就是‘面前的患者’。”

前面我们说过，你有病或不舒服才去看医生，但你是否总感觉就诊时医生说的不是你。我可能表达得不太清楚，举两个例子。

例 1:

《医患交流面面观》:“如果医生问病史非常简单，态度不认真，那么一方面医生很难把患者的病情问清楚，另一方面患者也难以相信这样的医生。医生问病史不能诱导患者按照医生的思路去描述，也不能不耐心，要倾听患者的主诉，尊重患者的感受，因为病在患者身上。不要随便打断患者，去灌输医生的主观意愿。绝不可取的做法：你认为‘患者不懂医，自己懂’，把自己的看法强加给患者。你觉得他就是冠心病，他说的不符合你想的，你就不愿意听，就人为地干扰和诱导他按你的方向去说。”“‘听你的还是听我的？’医生的这种心理很可怕。首先，主诉当然是听患者的，因为那些是患者的真实感受，即便当中有不合理的部分。医生不能否定这些真实存在的感受。其次，要了解患者对于治疗的预期，医生不能一厢情愿。”

例2：

芦荟刚就医时，张大夫问他是否口腔发甜或发酸。开始芦荟没在意，回家后的一段日子他确实意识到了医生描述的症状。因为医生说的就是自己，从而令芦荟真心全面地接受医嘱，开始重视和积极尝试除用药外的其他治疗措施，例如戒烟、控制食量、运动。在此过程中，血糖最终达标，部分用药量减少，部分药物停用，而芦荟也渐渐习惯了目前的生活方式。

医生谈到患者的切身感觉（感受、症状）时，方能与患者产生共鸣，进而实现双方的互动。换句话说，医生没按你提供的线索“追查”，说的不是你，就换个医生吧。

《医患交流面面观》：“例如，高血压患者出现头晕怀疑是降压药物的不良反应。医生应该帮助患者查找引起头晕的真正原因，是药物副作用还是另有玄机（睡眠不足、饥饿、感冒、发热或者降压过低等）；而不是‘没问题，你说不能耐受这种药，我就给你换一种’。”

“‘让患者参与’不能成为医生推诿责任的借口。”“明确、公开表示在一定程度上接受患者的看法和感受的合理部分，讲解、分析和纠正其中的不合理部分，鼓励患者积极正确面对和应对。”“‘让患者参与’是根据患者的实际健康状况，充分了解和考虑患者的预期，向患者全面介绍各种可行性方案的基本原理和优缺点，和患者共同制订优选方案。”“如……‘我们刚才比较了各种治疗方案的优缺点，接下来我讲一下我的观点……’”

2）患者的主观感受和客观检查结果是越来越好，还是病越看越糊涂，越看越紧张？

有的时候，患者很难受，而医疗检查结果正常；有的时候，患者有器质性疾病，但所患疾病很难解释患者的主观感受。患者的主观感受和客观检查结果不符，事出必有因。《医患交流面面观》："症状是带有主观色彩的感受。当患者过度关注身体变化时，会提高对症状的敏感性，甚至'诱发出'本不存在的症状。""患者带着'心脏不舒服'或者不正常的检查结果来心脏科就医，消除症状（找到病因）和明确诊断/排除心脏病同样重要。"胡大夫讲"双心"，进而讲全面身心健康；中医有中医的理论和实践，比如气虚。在这里我们强调的是综合干预，是帮助患者的主观感受和检查指标不断向良性发展，或维持在可控水平。如果有医生和你说"你的问题在这个门诊解决不了，我XX时间在XX地方出心理门诊，你去那里看心理"，那就算了吧。

统一检查结果和患者的主观感受（症状）对医生是个考验。我认识的一个人更年期的症状是心慌气促，结果按冠心病处方，后经胡大夫纠正。《医患交流面面观》："医生只关注了患者心脏不舒服的生物学病因，最后只能得到与心脏相关的信息。胡大夫后来问首诊医生做临床决策时是怎么想的。他说：'患者一直在说自己胸闷，心慌，喘不过气来。'这是必然的，患者通常只知道自己哪里不舒服，医生才是综合、全面、客观评价临床表现的人，医生只问患者'心脏问题'，患者当然只答'心脏问题'。 在这个病例中，医生忽略了'心脏不舒服，心慌、乏力'可能由多种原因引起。"白玉兰也说，在门诊遇到很多患者不能清晰表达症状和体征，譬如一些老年人主诉这儿疼那儿疼，浑身都疼。《医患交流面面观》："看病就像破案，患者亲身经历了'案情'始末，我们要引导他们说出尽可能翔实的情况，这时提出开放性问题；随着线索越来越多（包括各种客观检查结果），整个故事越来越清晰，我们就需要寻找关键性证据了，此时提出封闭性问题，来验证我们的判断。"

来看一个病例：

心内科住院患者，老年女性，冠状动脉肺动脉瘘，全心衰竭，以右心衰竭为主，黄疸，全身浮肿，服用大剂量利尿剂后浮肿好转，但利尿剂剂量逐渐加大。因为疾病的缘故，患者精神比较紧张，也总有一些身体不适（包括胸闷、浮肿），总是反复询问医生一些问题，精神状态不稳定，后由精神科医生诊断为“重度抑郁”，心内科主治大夫认为患者多数症状由抑郁引起，让患者出院去治疗“抑郁”。

北京大学人民医院心内科的吴大夫就此做了精彩的病例分析，很长，但有必要在此复述。

该患者有明确的躯体疾病，已经被明确诊断为冠状动脉肺动脉瘘，该病可以出现胸痛、胸闷等症状，也可以发展为心力衰竭，出现喘憋、水肿等症状和体征。手术治疗可以从根本上去除心力衰竭的病因，药物治疗可以缓解患者症状。这些都是有效的治疗方法。但是，如果不采用手术治疗冠状动脉瘘，仅仅依靠药物缓解症状，随着疾病的发展其治疗难度越来越大。在这个过程中，患者会感觉疾病越治越重。老年瓣膜病重度主动脉瓣狭窄和儿童先天性心脏病患者开始都不愿意动手术，毕竟是开胸手术，在患者看来将“大伤元气”。而且，在心力衰竭早期，用很少量的利尿剂就可以使水肿消退，胸闷症状减轻。患者便以为该疾病不需要动手术，能“扛”就“扛”。实在不舒服，随便找点对症治疗的药物。这些药物在疾病初期确实可以短暂缓解症状，促使患者认为医生在夸大病情，几元钱可以“治好”的病为什么要花几万元去做手术，而且是开胸手术，感情上难以接受，从而怀疑医生的诊断甚至医德。这种想法可以使患者“愉快地”度过几年时间。

随着症状愈发频繁发作，药物控制越来越难。患者又会走向另外一个极端，认为疾病已经发展到终末阶段，没有治疗方法了，整天诚惶诚恐，甚至有濒临死亡的想法，促使患者反复就医，要求长期住院治疗。特别是当病情有变化时，例如休息不好导致心率加快、出现心律不齐，或药物调整期间出现喘憋加重、水肿加重等情况都是正常现象，是疾病治疗康复中一种自然过程，并不代表治疗的失败，医生往往会忽视这些变化，没有向患者过多解释。但是，患者会往“深”想象，认为疾病发展到了更严重的程度，反复询问医生，要求对其身体的每个变化做出详细的解释。有些细心的患者，还把症状的变化、血压心率等各种监测参数详细记录，同时附上每日服用多种药物的清单和在各家医院做的化验、心电图、超声心动图、CT片等各种检查结果，要求医生认真分析病情。而医生往往重点看几个关键数据，对其他检查一带而过。医生轻描淡写的回答经常不能令患者满意。患者或认为医生不负责任，或认为医生在隐瞒病情，于是反复就诊，到多家医院咨询，也更加重了紧张情绪，感觉症状越来越重。

这种恶性循环会带来一系列的不良后果。

（1）诱导医生忽略疾病的真正变化。当这些症状加重难以用躯体疾病解释时，医生可能不再仔细检查、分析其原因，而是简单地认为患者有焦虑、抑郁等精神障碍，要求患者到精神科就诊，采用抗焦虑抑郁药物缓解症状。如同“狼来了”的故事，确实由于疾病进展而导致的症状加重也被忽略，从而错过治疗最佳时机。特别是同时伴有精神障碍的患者，病情变化不一定都是精神障碍所致，不能忽略每个症状的变化。

（2）患者为了引起医生的重视，夸大症状。症状是带有主观色彩的感受，当患者过度关注身体变化时，会提高对症状的敏感性，甚至“诱发出”本不存在的症状。对这些症状的描述会干扰医生的诊断。另一方面，当医生忽略这些症状时，患者又会想到疾病已经发展到无可救药的程度，失去对医生的信任，甚至增加医患矛盾。

因此，作为临床医生，在诊治躯体疾病的同时既要关注患者的心理变化，又不能将所有症状变化都归结为精神障碍而错过最佳治疗时机。

《医患交流面面观》中的胜大夫也就此病例做了建议：躯体疾病严重的情况下（比如此例中的心力衰竭患者），伴有抑郁情绪非常常见，即使结合既往病史和心力衰竭加剧前生活中的状态，有时也难以除外躯体疾病及用药导致的抑郁状态。本例中的患者完全由精神科来处理显然是不够的，需要心脏科和精神科医生联合干预，一起分析病情，分别以专业眼光观察情况变化（包括使用抗抑郁药物后情绪的变化及身体方面的副作用），及时交流意见，这样才能最大限度保证患者的健康。

应该说，病例中的负责医师尝试着为不符合客观检查的主观感受寻找原因，是好的；然而另一方面却暴露了致命伤——基本功。

基本功，永远绕不开的话题！之前我们提到，一些医生认为就诊病治病和医学知识什么都不能讲，因为讲不清楚，越讲越乱，非专业人士不知道反而清净。但问题是讲不清楚，还是医生自己不清楚？记得有次一个女孩说起自己父亲就医的经历。她父亲在山西，在当地医院就诊，该医院有全国最先进的医疗设备，检查结果明确，但治疗方案令人困惑；后来在北京某医院就诊，检查设备一般，但有明确的治疗方案，现已出院，需半年后回来复诊。医生，你真的专业吗？总而言之，碰到不愿意或没有能力和患者共同见证患者健康演进的医生，就放弃吧。

还有另外一种情况，医生不介意花大把的时间陪患者聊天，或只关注患者的某些症状，也许患者的主观症状真能有所好转，但客观检查指标不见好转。此时，不要相信主观感受。再次强调，一定是“双丰收”，缺一不可。

来看胡大夫的一个病例。有一次，胡大夫接诊了一位稳定性心绞痛的患者。在交谈的过程中，胡大夫发现患者的情绪低落，治疗依从性差，于是向他详细解释了病情：他的情况很稳定，但要坚持规范化药物治疗。在处方了心血管用药并叮嘱按时、按量、按要求服药后，胡大夫请患者到隔壁精神科医生的诊室，希望可以进一步帮助他打开心结，完善治疗效果。好在胡大夫要求患者在精神科医生问诊后再回来汇总治疗方案。患者出去短短几分钟，再次回来时，胡大夫发现患者的情绪真的好了很多，患者说："我放心了，那位精神科医生告诉我了，我的胸痛和胸闷都是情绪引起的，跟心脏没关系。他给我开了些抗抑郁药。我是不是不用吃您开的药了？"胡大夫听到这儿吓了一跳，赶紧从头向患者解释他的病情，叮嘱他一定要坚持心血管药物治疗。

3）医生在和你说话吗？医生在解答你的困惑，还是他们自认为的问题？

你是否经历过《医患交流面面观》中的情况："每次来医院看病，没人在乎我，没人听我说什么"或者"同样的话你说了好几遍，我知道你在说什么，可和我的问题无关"？

《医患交流面面观》："胡大夫最近看到人民医院的一位老教授，他有稳定的心绞痛，诊断没有问题。但是，这位老教授明确说自己不愿意做支架，也不愿意做搭桥，希望接受药物治疗。而很多医生却一味劝说：您这个病变就得做搭桥或者做支架。这是非常典型的答非所问。后来，胡大夫跟他谈。他觉得，他现在已经80多岁了，在快步走路出现胸痛、胸闷（劳力性心绞痛）时，三五分钟不吃药也能好转；平时日常工作和活动，不走太快，没有任何症状。他认为接受支架后长期吃阿司匹林、氯吡格雷两种抗血小板药物，万一出血，风险更大。"

事情总有好的一面，刚刚我们也提到，有些医生恰如冬日暖阳，和他们交谈的我们可以本能地感受到。比如张大夫，很多患者反映"她的笑给自己信心和勇气，让人安心"，越是重症的患者感受越真。其实是患者把真真切切感受到的温暖、自然而然接收到的力量，具象成了"笑"，更多的是患者的心看到了笑容。还有胡大夫，很多次听患者或家属很惊奇地表示"这么知名的大夫却这么和气，没有一丁点儿的架子"。如果你的直觉告诉你面前的医生冷冰冰，或者在这儿看病很别扭，换个医生或医院吧，就别给他们“添砖加瓦”了。

医患交流的经验丰富多彩，肯定是说不全的，但我还是尽量多与大家分享。芦荟是“环卫职工健康驿站”的负责人，也是一位患者。相对于疾病诊断，芦荟非常年轻，今年不过36岁（年轻的老病号）；2015年发现高血压，没有干预；直到2017年发现高血糖，就医，进行血糖与血压的综合诊治；就医初期除用药外，并未重视其他医嘱，血糖得到控制，但总不能达标。

前面也提到了，后来芦荟积极践行健康的生活方式，配合规范化用药，健康状况得以改观。

芦荟说，他的就医经历中最重要的部分是自己对于自身健康的了解、跟进和促进。比如戒烟，他开始没当回事，后来发现医生说得对，也就听进去了，“我愿意”是硬道理。想戒烟，用什么方法呢？最难过的就是每次犯烟瘾的那几分钟（最多5分钟），分散分散注意力，把整个戒烟过程拆解为每一次的几分钟的“不沦陷”，一段时间后，烟就戒了。他说在戒烟的过程中体重增加，但戒烟后到现在他的体重比没增加前还轻了20多斤，并且减重仍在进行中。发现新的健康问题了，他就记录下来，在复诊的时候咨询医生，以此不断完善健康、控制甚至最大限度逆转疾病。

由此我们可以认为，医患交流是一个逐步深入的双方互动的过程。患者也是医患交流的主体，根据自我的健康演进，包括客观指标（检查结果）和主观感受（症状），随时记录出现的问题，定期复诊，咨询医生。

这也就是时下流行的提法：自己是健康的第一责任人。毕竟，医生解决的是“别人”的健康问题，而且是很多个“别人”。然而要大众能做到对自己的健康负责，疾病和健康科学知识的普及成为必须要做的事。本来芦荟来东直门医院心内科找张大夫看病是心存疑虑的：“心内科医生给看糖尿病吗”。糖尿病是冠心病的等危症，也是冠心病的危险因素，把糖尿病和心血管健康割裂开是不科学的。医学科学的发展如何造福人类，不全是科技的日新月异。

有一种现象是大家不想看到的。有些人更喜欢道听途说（老张、老李怎么说的），科普知识的不尽科学和全面也产生了不少的误导，各种各样的新鲜事又层出不穷（比如美容院里出现了体检仪器），往往真到医院接受正规治疗时，病情已经非常棘手了。此时最大的就医误区是，认为医生是专业的，可以药到病除，从而产生医患矛盾，《扁鹊见蔡桓公》的结局重演，是最令人痛心的。

说回芦荟。现在的他，好似鲁迅先生《呐喊》中的那个从睡梦中惊醒的人，看到周围不少朋友、同事还深陷于他当初的健康误区中，很想唤醒大家，希望大家同他一样可以真正感受到健康（原来健康是可以具象化的），但苦于没有效果。这也是“环卫职工健康驿站”成行的另一个原因——芦荟对于朋友和同事们的关心和热心。

还有月季，体检发现甲胎蛋白高，不知道去哪个科室，就算知道去哪个科室心里也没底。因为信赖张大夫，所以借着芦荟复诊，她也给自己挂了个号，先来“讨个说法”，心里有点儿数。

这是我们日常就医经常遇到的问题，不知道应该去哪个科室看病。月季是聪明的，咨询自己信得过的医生。不仅如此，月季获得了更大的收获，张大夫看了她的检查结果，确实有问题，于是推荐了自己的同学——地坛医院的蒋大夫，月季顺利地进入了后续医疗干预。

此处，我强调三点。

第一，这是我所谓的医生联盟，有别于现如今时髦的医生集团。老话说：人以类聚，物以群分。你相信的医生相信的医生，总差不到哪儿去吧?

月季的经历是，因为需要前后指标对比，所以得再做检查，结果她出于谨慎，在3家不同的医院做了3次检查，可是3次检查的参考值都不一样。她去医院看结果时，不是蒋大夫的出诊时间，于是她看了另外一位医生，据说爱答不理。她问为什么3个参考值都不一样，医生讲起了该指标的计量单位，她听得一头雾水。我想起胡大夫就类似问题的一次答疑。

问题：关于血脂，我只读过1本科普书，这些年也仅去两家医院查过2次血，却得到了3个不同版本的正常值参考范围。应该如何理解这些各不相同的“血脂正常参考值”？

解答：目前，各家医院血脂检查的参考值范围不统一，这是有待解决的一个问题。我书中提出的“健康人群的正常血脂水平”是基于《中国成人血脂异常防治指南（2007年版）》，是当时卫生部正式推荐的指南。

医生说我们听得懂的话，不是很容易的事。这倒应了那个言论，不需要我们知道的不用告诉我们。《医患交流面面观》：“切忌用医学专用术语解释医学专用术语。”还有那个问题：医生是在和你说话吗？如果是，那么日积月累，终有一天，医患可以实现交流：如果不是，终其一生，他们还是在自说自话。

说回月季，经过此番对比，月季决心“跟定”蒋大夫了，起码蒋大夫愿意，也能跟她说明白，指标还在升高，但其他相关指标正常，基本可以排除相关疾病，也许存在某种诱因，但月季完全联想不到，那么年底复查，跟进观察指标变化。

第二，此处提供的就医便利，同样属于医疗建议的一部分或医疗过程的延伸，白玉兰精炼为医生分诊，完全基于中立、科学的职业态度，与人情、八卦没有一丁点儿关系，或者说不存在任何的人际关系。

胡大夫曾经有过一段文字：“我总说医生是活到老学到老的职业，因为总有没见过、不熟悉的内容。我在为患者诊治疾病的时候，不总是一个人，也会邀请更具专业特长的医生共同完成临床决策，或把患者托付给专项强的医生。例如：有一次我遇到一位疑似淀粉样变性心肌病的患者，于是请他去找一位我的前辈专家确诊，并为患者做了联系；我向来我门诊就诊的慢性心力衰竭患者推荐吴彦（我事先与吴彦沟通好相关事宜），因为吴彦的时间比我的更固定，也更精通心力衰竭的诊疗；我帮助确诊的复杂先天性心脏病患者联络汤楚中安排后续治疗；我请丁荣晶阅读患者的冠状动脉造影光盘；需要时请来心外科医生一起给出医疗建议……当下似乎很流行一个词语'医生集团'，做了一些了解后，我确信自己对其不感兴趣。我感兴趣的还是'能为患者带来什么'。事实上，每一位医生都有类似的朋友圈，如果愿意都可以帮助更多患者的健康进一步获益。"

张大夫也在《硬技术的软着陆》中花了很大篇幅讲解"医疗干预的全方位视野"。

月季是明白的，该挂号挂号，该排队排队，其实就是医患各安其位，照章办事，不让美好的医患关系、交流与合作沾染任何的乌烟瘴气。由此引出了第三点。

第三，芦荟不抵触就医，且经历着和谐的医患关系。

但记得和他闲聊时，他表示当下的医患关系存在太多不尽如人意的地方，并未与自己的就医体会相结合。当我问及他的就医体会时，他认为是因为他认识张大夫。

我说："你想想你每次就诊，她的门诊患者都原本就认识她或者认识她认识的人吗？医生好，给谁看病都是一样地看，哪儿还分什么亲疏远近呢？"

记得那次和向日葵聊她姥姥，谈到了医生的职业道德、职业操守，包括对患者的尊重、对生命的尊重，以及医生对职业的尊重和对自己的尊重，是融于骨血的，是客观存在；不带主观色彩，才能一视同仁，才能"急患者所急，想患者所想"。

另一方面，“认识人”真的管用吗？认识胡大夫，怎么样？这是一组清晰而“亲密”的人物关系，事情发生在胡大夫退休的医院。一位在本系统护理部工作了一辈子的老人，临终前被送来医院，收进急诊。家属来找胡大夫（那天上午胡大夫门诊）。家属明确表示，知道老人快不行了，没指望发生奇迹，只是希望做最后的努力，但急诊的条件对于一位临终的老人太不充分了。我是上午11:00到的，12:00多胡大夫下门诊，我们一起来到CCU，刚进CCU的门，胡大夫立刻在走廊上用自己的手机给急诊打电话，听电话的内容：急诊处理失当，听胡大夫的语气之焦急：显然急诊不买账。放下电话，胡大夫立即找到CCU的负责医生（胡大夫的学生），问将患者收进CCU办得怎么样了（显然不是刚交办此事）。（我不知道家属什么时候来找胡大夫帮忙的，而我在的1个多小时没有看到这位家属，以此推断这位家属来得更早。以我对胡大夫的了解，他不会离开工作岗位，但一定是第一时间打电话给对应的负责人经办，胡大夫对在医疗战线上奉献一生的同志们非常有感情。）难以理解的是，这位学生回复她的老师，已经向现任领导请示（胡大夫已经退休了），尚未收到回复，说完，就以和护士长商量为由，把胡大夫抛在一边，进了一个办公室，把门关得严严的。胡大夫不明所以（商量什么呢？），让我去听听到底怎么回事。我敲门进去了，门是打开了，可医生说不能听她们的密谈，还煞有介事地说，我要是不出去，她们不说了也不管了（原话记不得了，我当时就是这么理解的）。什么时候放弃抢救患者居然成了交换条件？医生，你怎么有如此之多的不可说？

难怪胡大夫在《我的医生生涯和医生梦》“前言”中有这样的文字：“由于初次尝试，书中的内容、思路和想法不够成熟，当然也没做到全方位。本书的立意是引发关于医疗卫生行业中现实问题的讨论，力争不放大、不逃避、不断章取义，远非讨论的结束。如果下次再有类似选题的图书，我希望约稿不像这次这么艰难，例如不少人讳莫如深地拒绝，理由是话题太敏感了。我们的行业中竟然有如此之多的不可说？那么是否能从可以说的说起？

医生生涯中的快乐、幸福与阳光，是我希望和正在尝试说的。”

对了，事情是怎么了结的？我立马出了那个办公室，绝非灰溜溜地，因为我刚一来到走廊就给张大夫打电话，问能不能帮她老师这个忙。张大夫马上说：“行，患者家属自行叫救护车，来了我收。”于是，我回复胡大夫：“您这儿的学生把我轰出来了，说我不出去她就不管了，患者的情况不做大的挪动最好，但如果确实不给解决，张大夫愿意接收，您看着安排吧。”“张大夫愿意接收？”这是胡大夫的原话，语气有点儿吃惊，也松了口气。大概15分钟以后，我因为别的事给胡大夫打电话，听他说患者已经住进CCU了。前脚有人支持了胡大夫，后脚问题就地解决了。

无论如何，我们还是寻到了一处港湾，那里愿意帮助即将走到生命尽头的人望见温暖的彼岸，这处港湾不假思索、没有条件，人在走的时候还能感知温暖，这可能是人生最后的幸福。《医患交流面面观》：“医患和谐的关键在于‘人心’，并不是要求医生无所不能。”

还是说回胡大夫希望讨论的快乐、幸福与阳光吧。向日葵相当爱聊现在随诊的三位医生，一边说一边思考：“说不上她们有什么表情，挺严肃的吧，却也不是紧绷着，没什么所谓的笑脸相迎，当然也绝不苦大仇深，更没有表现出刻意的殷勤、熟络，温和是必然的，但就是让人感觉舒服，能够很真切地体会到医生对自己关心，而且这种关心完全出于公心（她也体会过一些医生出于私心的所谓关心，不在此处详述，只是说明‘公心’是可以被明确识别的）。”《医患交流面面观》：“我强调医生也有职业表情——专业、真诚、认真、坦率，专注于面前的患者，最好有一点儿笑容，不要流露出迷惑不解的神情。”“医学发展到今天，仍然有太多的未知，医生当然不能‘包治百病’。即便我们解决不了患者的全部问题，端正的态度和正确的沟通技巧还是能够带给患者信心和希望，带给医生成就感。对患者适时鼓励与协助，指出问题的可解决性，并给予支持，使患者感到问题是可以解决或改善的。”向日葵接着说：“她们似乎把工作定位在促进患者健康，竭尽所能帮助患者，而非收了多少患者，开了多少处方，做了多少台手术，写了多少病例，攒了多少论文，跑了多少会场等。”

差点儿忘了，垂杨柳医院的任大夫，现在已经退休了。任大夫也参加了《我的医生生涯和医生梦》的编写。“相比那些早晨三四点钟起床，凌晨一点还不睡觉，走路、排队买饭甚至上厕所都要看书或背单词的勤奋学子，我这个扛不住而不得不在十一点半前睡觉的人除了感受到了催人奋进的力量外，还常常会有深深的不安与自责。尽管后来学校为了学生的健康不得不在十点半后对教室、图书馆和宿舍实行熄灯制度，但是，马路路灯下、附近医院的门诊大厅里以及其他类似的还有灯光的地方又开始涌动起学而不厌的身影。那时（1977年）正值文艺复苏和伤痕文学兴起的年代，历经十余年的文化荒漠后，令人耳目一新的文学和影视作品如雨后春笋，颇具诱惑力。然而这些与专业学习无关的绚烂带给我们更多的是遗憾，有时在操场看电视的人群后面多站一会儿都会感到不安。记得有一个周末，我去电影院看了一场《庐山恋》，不务正业的罪恶感在随后的一个星期都挥之不去。”在读过的所有医生写的文章中，这段文字是我最喜欢的。之后，任大夫以数个病例为线索，从医学生临床见习到最后成功执业，讲述了自己在专业和思想上不断成熟的过程。令我惊讶的是，多少年前的病例，他还能描述得那么详细，可见多爱这份职业了。其中提到的“真临床”和“勇于担当”，道出了医疗卫生行业最核心的公心。文中从一个病例说起，不重复了，只摘录这段文字：“在临床抢救有机磷中毒患者的实践中我个人体会到，对这类患者尤其是严重中毒患者，完全遵照书本推荐的阿托品剂量常常难以实现阿托品化。而剂量个体化的尽早实现和维持阿托品化，避免不恰当减量导致的反跳，是中重度有机磷中毒患者抢救成功的关键，延迟阿托品化或反跳是预后不良的标志。对于其他类型的危重和不稳定的患者也一样，有时稍有疏忽就可能出现意外，所以临床医生必须真临床，在病床旁才能及时了解患者的病情变化并做相应处置，还能观察和熟悉有些药物和治疗措施的性能特点，获得疾病诊疗的直接经验，既提供给患者所需要的良好疗效，也有助于医生的自我成长。”文中也谈到:“勇于担当也应该是医生不可或缺的职业素养。对于有些危重患者，高风险的医疗活动可能是挽救生命最重要甚至唯一的途径，如果医生迫于某些因素放弃了，患者自然失去了生的希望。”随后跟进了一个详细的病例。胡大夫说“三个回归”，回归人文、回归临床、回归基本功。我们来看三者之间的关系，基本功是临床的保障，医学人文是为临床服务的，一切脱离临床的医学人文，包括科研，都是无源之水、无本之木。基本功无可替代，临床就是了不起。

说到底，如何寻找好医生？我不认为现如今的好医生少，今天我们讲了几个病例就数出9位：胡大夫、任大夫、张大夫、吴大夫、徐大夫、蒋大夫、常大夫、朱大夫、李大夫，关键是大家的注意力在哪儿。如果大家能够多关注自己经历了什么，体会到了什么，进而在良性经验方面加深实践和体会，可能想法或认知会有所不同。

我们希望大家更多地分享好的经验和体会，因为这样才能帮助到有需要的人，听不听不能强求，好心眼儿到了就好。能像芦荟这样一步到位是好的，像向日葵的舅舅“亡羊补牢”也能接受（当然最好身体健康）。暂且称之为患者分诊吧。一生二，二生三，三生千千万，相信自己的渺小的力量，好心、热心、爱心，汇聚在一起能成阳关道。

但分享的一定要是自己的亲身经历和体会，以客观检查结果和主观感受为证。别像现在很多医疗机构和医务人员评选那样，在朋友圈求点赞。给不认识的萌娃点个赞无伤大雅，给不认识的医生或不熟悉的医院点个赞就是挺可笑的事了。

最后总结两点。

第一，相信自己的感受，如果和眼前的医生说不到一块儿（他专业你不专业，绝对不是理由），换位医生吧。

第二，能遇到切实解决了你健康问题（身心全面健康）的医生，推荐给身边有需要的人，帮别人少走弯路。

太多人喜欢《大话西游之大圣娶亲》中大圣对紫霞的告白，我们也不要不珍惜拥有的美好，让它从身边溜走却浑然不知，耳濡目染全被甚嚣尘上的世故、冷暖占据。胡大夫所谓的快乐、幸福与阳光是真实存在的，去发现，去传播美好，尽管这些美好总是默默无声。